COCINAR

sin azúcar

COCINAR

sin azúcar

First published by Parragon Books Ltd in 2015 and distributed by:

Parragon Inc.
440 Park Avenue South, 13th Floor
New Y0rk, NY 10016
www.parragon.com/lovefood

LOVE FOOD is an imprint of Parragon Books Ltd

Traducción del inglés: Marta Borrás Monill para LocTeam, Barcelona
Redacción y maquetación de la edición en español: LocTeam, Barcelona

978-1-4723-7150-8
Printed in China

Nuevas recetas y estilismo culinario: Georgina Besterman
Concepto y producción: Pene Parker y Becca Spry
Nuevas fotografías: Haarala Hamilton

Notas para el lector

Este libro utiliza medidas métricas, de cucharas y tazas estándares. A menos que se indique lo contrario, todas
las cucharas y tazas utilizadas como unidad son rasas. Si no se indica lo contrario, la leche que se utiliza es
entera; los huevos son grandes, las hortalizas son de tamaño mediano y la pimienta es negra y recién molida.
Salvo que se indique lo contrario, todas las hortalizas de raíz deben pelarse antes de ser utilizadas.

Los aderezos, los adornos y las sugerencias de presentación son optativos y no están necesariamente incluidos
en los ingredientes ni en la preparación de las recetas. Los ingredientes y sazonadores opcionales no se
incluyen en el análisis de nutrientes. Los tiempos de preparación y de cocción de las recetas son aproximados,
ya que pueden variar en función de las técnicas empleadas. Los ingredientes adicionales, las variaciones y las
sugerencias de presentación no se han incluido en los cálculos de tiempo.

Aunque el autor ha realizado todos los esfuerzos razonables para asegurarse de que la información contenida en
este libro sea precisa y esté actualizada, los lectores deben tener en cuenta los siguientes puntos importantes:

* Los conocimientos médicos y farmacéuticos cambian constantemente y ni el autor
ni la editorial pueden garantizar la exactitud o adecuación del contenido de este libro.
* En ningún caso este libro pretende ser ni debe ser tomado como sustituto de los consejos
que pueda darle su médico antes de introducir cambios importantes en su dieta.
* Límite de responsabilidad sobre alergias: El autor y la editorial no se hacen responsables
de las posibles reacciones alérgicas que puedan ocasionar las recetas de este libro.
* Las afirmaciones contenidas en este libro no han sido evaluadas por el organismo para el
Control de Alimentos y Medicamentos estadounidense. Este libro no pretende tratar, curar
ni evitar ninguna enfermedad.

Por las razones arriba expuestas, y en el margen máximo permitido por la ley, el autor y la editorial: a) no aceptan
ni pueden aceptar ningún deber legal de atención o responsabilidad en relación con la exactitud de los contenidos
de este libro, a pesar de que determinada información se exprese con la palabra «consejo» u otro término
similar y b) declinan toda responsabilidad por pérdida, daños o riesgos que puedan reclamarse o en los que pueda
incurrirse como consecuencia, directa o indirecta, del uso y/o aplicación del contenido de este libro.

Cuando el nombre de algún ingrediente varía de una región del ámbito hispano a otra, se ha procurado ofrecer
las variantes.

CONTENIDO

INTRODUCCIÓN

El azúcar parece estar presente en casi todo lo que ingerimos, desde las comidas preparadas hasta los ingredientes naturales, como la fruta y las hortalizas. Se cree que muchos de nosotros consumimos 10 o más cucharaditas de azúcar cada día. El efecto negativo de esta dieta alta en azúcares sobre nuestra salud es cada vez más evidente en los índices crecientes de obesidad, y puede ser uno de los factores de desarrollo de la diabetes de tipo 2. Pero el problema no termina aquí. Se cree que los trastornos del sueño y los cambios de humor también pueden ser provocados por un consumo excesivo de azúcar. Al margen de los problemas de salud, atracarse de alimentos ricos en azúcar también puede provocar un «bajón», es decir, un descenso brusco de nuestro nivel de energía y producirnos sensación de agotamiento.

Este libro pretende sensibilizar acerca de los alimentos que contienen azúcar, tanto de forma evidente como encubierta, en las recetas que cocinamos a diario, y las medidas que pueden tomarse para evitarlo. Los problemas no vienen provocados únicamente por los azúcares refinados. Al fin y al cabo, el azúcar sigue siendo azúcar y los azúcares naturales también deben restringirse, sobre todo los que contienen fructosa (véase la página 9).

En este libro encontrará versiones sin azúcar o con un bajo contenido en azúcar de aquello que más le gusta, como las *Mini magdalenas de café con pacanas* de la página 30, la *Salsa boloñesa* de la página 81 y el *Risotto de arroz negro con jamón y endibia asada* de la página 82. Cierto es que nadie quiere ver su comida preferida tan adaptada que pierda todo su parecido con el original. Si hornea un pastel, sea dulce o salado, querrá comer algo con el aspecto y el sabor propios de un pastel. Por ejemplo, el *Pastel de calabacín con cobertura de queso crema* de la página 110 y los *Brownies de boniato* de la 112 harán las delicias de cualquiera.

Evidentemente es poco probable que elimine todo el azúcar de su dieta: sería poco realista y desaconsejable que dejara de comer todos los tipos de fruta de forma permanente, por ejemplo. No obstante, las recetas de este libro no incluyen más de 6 gramos de azúcar por cada 100 gramos de ingrediente. Si mantiene su ingestión de azúcares a este nivel tan reducido, puede tener la confianza de estar gestionando bien los azúcares que ingiere.

¿QUÉ ES LA FRUCTOSA?

El azúcar, o sacarosa en términos científicos, presenta dos formas químicas: la glucosa y la fructosa. La glucosa es el componente básico de la vida, y todas las células de los organismos en crecimiento o movimiento la producen y la utilizan. No es preciso complicarse la vida para consumir glucosa porque nuestro sistema digestivo la extrae de una gran cantidad de alimentos.

Sobre todo la fructosa puede ser perjudicial si abusamos de ella. A lo largo de la evolución humana solo podía conseguirse de forma regular en la fruta especialmente madura, y el cuerpo humano no está diseñado para asimilarla en grandes cantidades. Mientras que todas las células de nuestro cuerpo absorben la glucosa, solo el hígado puede procesar la fructosa en cantidades importantes. Si el hígado está sobresaturado de fructosa, la convierte directamente en grasa, que da como resultado un aumento del peso corporal al que se atribuye la aparición de diabetes del tipo 2 y trastornos cardíacos.

Otro problema de la fructosa es que, mientras que algunos azúcares naturales estimulan la liberación de insulina en el cuerpo, la fructosa se cuela de incógnito en nuestro sistema de detección natural. La insulina produce leptina, responsable de la regulación y el almacenamiento de grasa, y cuando no se libera la fructosa se almacena de forma irregular como grasa, lo cual desemboca en el aumento de peso y las enfermedades correspondientes.

La fructosa se oculta tras numerosos alimentos de consumo diario, desde la comida envasada y los productos de régimen hasta las bebidas edulcoradas. También está presente de forma natural en la fruta y las hortalizas. Muchos tenemos la sensación de elegir bien al decantarnos por una manzana o una zanahoria cruda, pero es importante limitar la cantidad de frutas y hortalizas ricas en azúcares que ingerimos. Aunque son nutritivas, el azúcar que contienen se acumula en nuestro organismo.

AZÚCARES OCULTOS

A veces, el azúcar no es tan fácil de detectar como pensamos. Es fundamental leer el envase cuando se adquieren productos alimentarios industriales. Aunque es probable que en la parte anterior se indique su contenido en grasas y calorías, es conveniente mirar siempre la parte posterior para averiguar la cantidad de azúcares que contienen. A menudo, al retirar grasa de un producto, se le añade azúcar para mejorar el sabor. En la relación de nutrientes, busque el epígrafe «Total de hidratos de carbono»; entre sus subapartados debería figurar «azúcares».

Siempre que sea posible, es preferible cocinar en casa para controlar de forma eficaz la cantidad de azúcar ingerido. No obstante, incluso procediendo de esta forma podemos caer en algunas trampas. Muchos alimentos naturales, por ejemplo numerosas frutas, contienen una gran cantidad de azúcar. Debe evitarse el zumo de frutas y las frutas desecadas.

Las verduras y hortalizas también pueden tener un elevado contenido en azúcares: los guisantes de vaina tierna, la alcachofa y la remolacha contienen gran cantidad de azúcar y, por lo tanto, deben comerse con moderación.

Si ingiere un producto en cuyo envase no se desglosa convenientemente su contenido en nutrientes, descártelo si tiene un sabor dulce y tenga siempre presente que «bajo en calorías» no significa necesariamente «bajo en azúcares».

También es importante estar atentos a los hidratos de carbono refinados. El cuerpo reacciona a la mayoría de los hidratos de carbono descomponiéndolos en forma de azúcar. Por consiguiente, debería evitarse la harina blanca, es decir, gran parte de la bollería, del pan y de los pasteles que solemos ingerir. También conviene eliminar del menú el arroz blanco, la pasta y la patata.

GRASAS Y PROTEÍNAS DE LOS ALIMENTOS

Quien consume poco azúcar tiene dos grandes aliados: las proteínas y las grasas. Desde la década de 1990 está de moda tildar a la grasa de «enemiga» y considerar como «amigos» a los hidratos de carbono. Aunque durante mucho tiempo un gran plato de pasta se consideró una apuesta saludable, el aumento de la ingestión de hidratos de carbono en la dieta actual ha dado la vuelta a esa teoría. Hoy en día se considera que lo saludable es una porción de pasta pequeña. Si reduce el consumo de azúcar y evita los hidratos de carbono refinados, necesitará proteínas y grasas para reunir energía.

Nuestro organismo produce leptina de forma natural para regular y distribuir la grasa. La glándula que regula este proceso, llamada hipotálamo, es sensible a la leptina y avisa al cerebro de que el estómago está lleno cuando hay leptina en la sangre, con lo cual se suprime el apetito.

El aguacate, un alimento naturalmente pobre en azúcares pero con abundantes grasas monoinsaturadas que ayudan a reducir el colesterol, es una buena opción cuando intentamos limitar el consumo de azúcares. Las mejores grasas monoinsaturadas se encuentran en todos los estantes del supermercado, en productos que van desde el aceite de oliva hasta el pescado azul, pasando por las grasas de origen animal, los frutos secos y los productos lácteos. Al no contener apenas azúcar, estos alimentos se emplean como base de muchas recetas bajas en azúcar a modo de disculpa consentida. Naturalmente, como con todo, es importante controlar también la ingestión de alimentos que contienen grasas monoinsaturadas, que deben comerse con moderación.

Las primas deseables de las grasas son las proteínas. La carne magra y los huevos han sido siempre la munición del buen comedor y efectivamente pueden degustarse cuando se cocinan sin azúcar. Las proteínas tienen la gran capacidad de hacernos sentir saciados. Si comemos las suficientes, se libera una hormona denominada PYY, muy eficaz a la hora de crear la sensación de saciedad y eliminar el deseo de comer.

La variedad de productos ricos en proteínas es increíble. Entre ellos se encuentran la carne y el pescado, los derivados lácteos (como el queso y el yogur), las semillas y frutos secos, y algunos granos sorprendentes (como la quinoa).

Los ingredientes naturales ricos en proteínas tienden a ser bajos en azúcares. Sin embargo, debemos tener cuidado con los productos que se anuncian como altamente proteicos porque también pueden contener una gran cantidad de azúcares ocultos que se emplean para mejorar el sabor y la textura.

BAJONES Y ANTOJOS

Siguiendo una dieta pobre en azúcares no deberían darse los bajones de energía habituales a media mañana y a media tarde. Este descenso del nivel de azúcar se produce cuando este entra de forma rápida en el sistema circulatorio haciendo que su nivel en sangre alcance su máximo. A continuación, cuando el cuerpo libera grandes cantidades de insulina para que las células puedan absorber la glucosa, el nivel de glucosa en sangre se reduce drásticamente y nos sentimos fatigados y letárgicos. Las grasas saludables, las proteínas y la fibra contienen poco azúcar o incluso nada, y producen una liberación lenta de la energía, con lo cual el cuerpo no sufre ese efecto.

Según los investigadores, los antojos son una cuestión puramente mental. Parece ser que las zonas del cerebro más activas durante los antojos son las zonas responsables de la memoria y la sensación de placer y satisfacción, de lo cual se deduce que es la memoria y no las necesidades del organismo la que origina los antojos.

Para originar la potente secuencia mental que es un antojo, el organismo tiende a querer (aunque no necesite) algo y a menudo se trata de azúcar después de una disminución de la glucosa en sangre. En estos momentos se precisa de un buen autocontrol. Puede ayudarnos tener a mano algún aperitivo, como una bolsita de frutos secos o un trozo de queso. En este libro encontrará algunas recetas de aperitivos bajos en azúcar, como los *Chips crujientes de col rizada al parmesano* de la página 64. Encontrará asimismo recetas de aperitivos para llevar, como las *Barritas de chocolate y nueces de Brasil* de la página 66 y las *Galletas de jengibre y avena sin hornear* de la página 70. Responder a los antojos con aperitivos bajos en azúcar le ayudará a sobrellevarlos.

CÓMO LLENAR LA DESPENSA

A menudo relacionamos el azúcar con las celebraciones y el placer. El postre es la mejor parte de todos los ágapes y no hay nada mejor para agasajar que un buen pastel. Aunque una cocina sin azúcar a priori pueda parecer algo deprimente, descubrirá que no lo es en absoluto.

Existen alternativas al azúcar tanto naturales como químicas, fáciles de emplear y eficaces para hornear bollería. La estevia es un extracto vegetal natural, granuloso y excepcionalmente dulce, lo cual la convierte en una alternativa perfecta al azúcar. El sirope de malta de arroz se elabora con arroz integral cocido y fermentado, y no contiene fructosa.

La mejor forma de empezar un programa de alimentación sin azúcares es eliminar casi por completo el azúcar de la dieta con el fin de evitar las tentaciones. Si se consumen con moderación, la carne y el queso pueden comerse sin remordimientos, pero elija atentamente cuando compre productos industriales, como el beicon, el jamón y los quesos ahumados, porque puede utilizarse azúcar en su elaboración. Lo mismo concierne a los derivados lácteos: los yogures de sabores y algunas cremas suelen contener azúcar en grandes cantidades, así que conviene leer siempre la etiqueta.

Otra fuente habitual de azúcar procesado son los hidratos de carbono refinados, como la harina blanca y el arroz, que deberían evitarse. Sustituya las harinas por harina de frutos secos, almendra molida, harina de coco y harina de maíz. Algunas de estas harinas alternativas contienen un poco de azúcar; utilícelas en pequeñas cantidades.

Los frutos secos y las semillas son una espléndida adquisición. Son perfectos para aportar textura y sabor, y se comercializan en varios formatos, como mantequillas y harinas. Tomar como aperitivo frutos secos sin sal es una buena forma de mantener a raya los antojos y no ceder a las tentaciones.

Muchas verduras y hortalizas son ricas en hidratos de carbono y azúcares. Las verduras de hoja verde son perfectas. Los tubérculos pueden ser más problemáticos, ya que contienen grandes cantidades de azúcar, por lo que deberían comerse con moderación. El boniato puede ingerirse también con moderación porque libera el azúcar de forma lenta en el sistema circulatorio. La mayoría de las verduras aliadas son las crucíferas, es decir, la coliflor, la col, el brócoli y las coles de Bruselas. Muchas son saciantes y están llenas de vitaminas y fibra.

Por último, las bayas pueden formar parte de la dieta si lo hacen de forma moderada porque tienen un contenido de azúcar relativamente bajo. Los arándanos, las frambuesas y las fresas ofrecen abundante fibra y sabor.

DESAYUNOS

FRITTATA DE AGUACATE, BEICON Y GUINDILLA

Inspirada en los sabores mexicanos, esta frittata superproteica es ideal para degustar sin prisas por la mañana. Puede prepararla con antelación y guardarla en el frigorífico hasta dos días.

PARA: 4 PERSONAS   PREP.: 15 MIN.   COCCIÓN: 14 MIN.

1 cucharada de aceite vegetal
8 lonchas de beicon (panceta) picadas gruesas
6 huevos batidos
3 cucharadas de nata (crema) espesa
2 aguacates (paltas) grandes pelados
y cortados en rodajas
1 guindilla (chile) roja pelada
y cortada en rodajas finas
½ lima
sal marina y pimienta al gusto

1 Precaliente el gratinador a temperatura media. Caliente el aceite a fuego medio en una sartén refractaria de 20 cm/8 pulgadas de diámetro. Agregue el beicon y fríalo, removiendo, entre 4 y 5 minutos o hasta que esté crujiente y dorado. Con una espumadera, páselo a una fuente provista de papel de cocina. Aparte la sartén del fuego.

2 Vierta el huevo en un cuenco, añada la nata y salpimiéntelo todo antes de batirlo. Devuelva la sartén al fuego. Cuando la mezcla esté caliente, vierta el huevo y cuézalo todo de 1 a 2 minutos sin removerlo. Distribuya el beicon y el aguacate por encima, y cueza la frittata 2 o 3 minutos más o hasta que esté casi cuajada y dorada.

3 Ponga la frittata bajo el gratinador precalentado y gratínela de 3 a 4 minutos más o hasta que esté dorada y el huevo se haya cuajado. Espolvoréela con la guindilla y exprima encima la lima. Córtela en cuñas y sírvala.

FREÍR EL BEICON

La suave textura de la frittata combina a la perfección con el beicon muy crujiente. Fría el beicon a fuego medio hasta que adquiera un tono dorado oscuro y luego retírelo de la sartén y déjelo escurrir sobre papel de cocina.

POR RACIÓN: 525 CAL | 41,6 G GRASAS | 15 G GRASAS SAT. | 8,8 G CARB. | 1,5 G AZÚC. | 2,5 G SAL | 4,8 G FIBRA | 23,5 G PROT.

TORTITAS DE CALABACÍN CON SALMÓN Y HUEVOS REVUELTOS

El calabacín es un buen sustituto de la patata en estas deliciosas tortitas; su sutil sabor cremoso complementa la espléndida combinación de huevo y salmón.

PARA: 2 PERSONAS   PREP.: 30 MIN.   COCCIÓN: 18 MIN.

3 huevos muy grandes
1 cucharada de nata (crema) espesa
2 cucharaditas de cebollino (ciboulette) picado fino
15 g/1 cucharada de mantequilla (manteca)
2 tiras grandes de salmón ahumado para decorar
sal marina y pimienta al gusto

TORTITAS

1 calabacín (zucchini) grande rallado
2 cucharaditas de harina de quinoa
20 g/¼ taza de parmesano rallado
1 yema de huevo muy grande
1 cucharada de nata (crema) espesa
1 cucharada de aceite vegetal

1 Precaliente el horno a 110°C/225°F. Para elaborar las tortitas, disponga un paño de cocina sobre la superficie de trabajo y apile el calabacín en el centro. Sobre el fregadero, una los lados del paño y retuérzalo con fuerza hasta que se haya escurrido todo el líquido de los calabacines.

2 Ponga el calabacín, la harina, el parmesano, la yema y la nata en un cuenco y remuévalo todo bien. Forme dos bolas con la mezcla y aplánelas con las palmas de las manos para formar tortitas gruesas.

3 Caliente el aceite en una sartén pequeña a fuego medio-bajo. Fría las tortitas entre 5 y 8 minutos por cada lado o hasta que estén doradas. Retírelas del fuego, páselas a una bandeja de horno y guárdelas en el horno para mantenerlas calientes.

4 Para preparar los huevos revueltos, cásquelos en un cuenco, añada la nata y el cebollino, y salpiméntelos. Bátalo todo con un tenedor hasta que quede bien mezclado.

5 Limpie la sartén con papel de cocina y, a continuación, funda la mantequilla a fuego lento. Vierta el huevo y fríalo, removiendo, de 5 a 6 minutos o hasta que el huevo acabe de cuajarse.

6 Disponga las tortitas calientes en dos fuentes. Distribuya por encima los huevos y coloque sobre estos el salmón. Muela encima un poco de pimienta negra y sírvalos de inmediato.

HUEVOS REVUELTOS

Al hacer huevos revueltos, el truco del chef es cocerlos a fuego lento y removerlos con paciencia hasta que comiencen a ligarse. Se seguirán cociendo mientras permanezcan en la sartén, así que conviene servirlos enseguida.

POR RACIÓN: 428 CAL | 33,2 G GRASAS | 13,4 G GRASAS SAT. | 7,3 G CARB. | 4 G AZÚC. | 2,2 G SAL | 1,6 G FIBRA | 25 G PROT.

TOSTADA DE CENTENO CON SETAS

Este desayuno rápido y fácil es magnífico. Si no encuentra setas silvestres, aumente la cantidad de champiñones. En el pan de centeno abunda la fibra.

PARA: 4 PERSONAS   PREP.: 8 MIN.   COCCIÓN: 8 MIN.

3 cucharadas de aceite de oliva
2 dientes de ajo grandes majados (picados)
225 g/3 tazas de champiñones en rodajas
225 g/3 tazas de setas (hongos) silvestres en rodajas
2 cucharaditas de zumo (jugo) de limón
2 cucharadas de perejil fresco picado fino
4 rebanadas de pan de centeno
sal marina y pimienta al gusto

1   Caliente el aceite en una sartén grande a fuego medio-bajo. Añada el ajo y sofríalo unos segundos.

2   Suba el fuego a fuerte. Añada los champiñones y fríalos, removiendo constantemente durante 3 minutos. Incorpore las setas y fríalas 2 minutos más.

3   Vierta el zumo de limón y el perejil, y salpimiéntelo todo.

4   Tueste ligeramente el pan y luego páselo a una fuente de servir. Disponga la mezcla de setas sobre la tostada y sírvala en seguida.

SABROSAS SETAS

Las setas más oscuras contienen selenio, un mineral antioxidante, y refuerzan el sistema inmunitario.

POR RACIÓN: 197 CAL | 11,3 G GRASAS | 1,6 G GRASAS SAT. | 20,3 G CARB. | 3,2 G AZÚC. | 1,3 G SAL | 2,5 G FIBRA | 5,5 G PROT.

HUEVOS A LA FLORENTINA

Este delicioso plato clásico es fácil de preparar y perfecto para una ocasión especial o un desayuno tardío de fin de semana.

PARA: 4 PERSONAS   PREP.: 20 MIN.   COCCIÓN: 40 MIN.

450 g/1 libra de espinacas en hojas limpias y lavadas
55 g/4 cucharadas de mantequilla (manteca), y un poco
más para engrasar
55 g/1 taza de champiñones botón en rodajas
55 g/^{1}/$_3$ taza de piñones tostados
6 cebolletas (cebollas de verdeo) en rodajas finas
4 huevos
25 g/3 cucharadas de harina de trigo integral
300 ml/1^1/$_4$ taza de leche templada
1 cucharadita de mostaza inglesa preparada
85 g/^{3}/$_4$ taza de queso cheddar curado rallado
sal marina y pimienta al gusto

PARA ACOMPAÑAR

Unos trocitos de pan de espelta, normal o tostado, son el complemento ideal de este plato y absorben sus sabrosos jugos.

1 Precaliente el horno a 190°C/375°F. Engrase ligeramente una fuente de horno llana con mantequilla.

2 Escurra bien las espinacas y, a continuación, páselas a una cacerola grande. Ponga la cacerola a fuego medio y espolvoréela con un poco de sal. Tápela y cueza las espinacas de 2 a 3 minutos o hasta que mengüen. Escúrralas presionándolas para eliminar el exceso de líquido y luego píquelas y páselas a la fuente que ha preparado.

3 Funda 1 cucharada de mantequilla en una cacerola pequeña a fuego medio. Añada los champiñones y fríalos 2 minutos removiendo a menudo. Incorpore los piñones y las cebolletas, y fríalos 2 minutos más. Retírelo todo del fuego, salpimiéntelo y espolvoree la mezcla sobre las espinacas. Manténgalo caliente.

4 Mientras tanto, caliente una cacerola grande y llana con agua hasta que comience a hervir. Casque un huevo en una taza y remueva el agua hirviendo para formar un remolino. Cuando el remolino se ralentice hasta casi detenerse, disponga el huevo en el centro. Déjelo cocer de 2 a 3 minutos o hasta que se haya cuajado y, a continuación, retírelo con una espumadera y colóquelo encima de los champiñones. Repita la operación con los tres huevos restantes.

5 Funda las 3 cucharadas restantes de mantequilla en una cacerola a fuego medio. Incorpore la harina y cuézala 2 minutos. Aparte la cacerola del fuego y vaya incorporando la leche sin dejar de remover. Devuélvala al fuego y cuézalo todo, removiendo de vez en cuando, hasta que la mezcla llegue a ebullición y se haya espesado. Añada la mostaza, luego ½ taza de queso y remuévalo hasta que se haya fundido. Salpimiente la mezcla y viértala sobre los huevos para cubrirlos por completo. Espolvoréelos con el resto del queso.

6 Hornee los huevos de 20 a 25 minutos o hasta que estén muy calientes y la parte superior esté bien dorada y en ella se formen burbujas. Sírvalos enseguida.

POR RACIÓN: 455 CAL | 35 G GRASAS | 15 G GRASAS SAT. | 17,5 G CARB. | 6 G AZÚC. | 1,6 G SAL | 4,5 G FIBRA | 22 G PROT.

TORTITAS DE HARINA DE COCO CON LIMÓN

Para algunos las tortitas son el desayuno ideal y esta versión, elaborada con harina de coco, es el no va más. Apílelas y vierta encima crema de limón casera.

PARA: 4 PERSONAS   PREP.: 15 MIN.   COCCIÓN: 10 MIN.

2 huevos muy grandes
100 ml / 1/2 taza de leche de coco
125 ml / 4 onzas de agua fría
1 cucharadita de extracto de vainilla
1 cucharada de estevia
50 g / 1/2 taza de harina de coco
1 cucharadita de bicarbonato de soda
1 cucharada de aceite de coco
sal marina
1/3 taza de crème fraîche o yogur griego,
para acompañar (opcional)

CREMA DE LIMÓN

la ralladura fina y el zumo (jugo) de 1 limón sin encerar
2 cucharaditas de sirope (jarabe) de malta de arroz

1 Casque los huevos en un cuenco, luego añada la leche de coco, agua, vainilla, estevia, harina y bicarbonato de soda, y sazónelo todo con una pizca de sal. Bátalo para formar una papilla y déjela reposar unos instantes.

2 Mientras tanto, para elaborar la crema de limón, ponga la ralladura y el zumo de limón junto con el sirope de malta en un cuenco pequeño y mézclelos bien.

3 Caliente el aceite de coco en una sartén grande a fuego medio. Vierta una cucharada de la papilla, deje que se solidifique unos segundos y luego añada más cucharadas, dejando un poco de espacio entre ellas. Fría las tortitas durante 2 minutos o hasta que la parte inferior esté ligeramente dorada y los laterales se hayan solidificado. Dé la vuelta a las tortitas con cuidado con la ayuda de una espátula y fríalas otros 2 minutos.

4 Pase las tortitas a platos calientes. Fría el resto de las tortitas de la misma forma. Remate cada una de las pilas de tortitas con una cucharada de crème fraîche o yogur, si lo utiliza, y vierta la crema de limón por encima.

RALLADURA DE LIMÓN

Es preferible rallar un limón con un microrallador para asegurarse de que solo se ralla la piel y no la parte blanca amarga.

POR RACIÓN: 157 CAL | 14 G GRASAS | 10.3 G GRASAS SAT. | 4.7 G CARB. | 1.6 G AZÚC. | 1.3 G SAL | 1.2 G FIBRA | 4.5 G PROT.

MINI MAGDALENAS DE CAFÉ CON PACANAS

Algunas mañanas sentimos la necesidad de tomar algo dulce para superar las primeras horas del día. Estas magdalenas nos ayudarán sin que suframos picos ni bajones de azúcar.

PARA: 9 MAGDALENAS   PREP.: 25 MIN.   COCCIÓN: 20 MIN.

50 g / ½ taza de harina de coco
¼ cucharadita de levadura en polvo
½ cucharadita de bicarbonato de soda
1 cucharada de estevia
30 g / ⅓ taza de pacanas (nueces de pecán) picadas gruesas
150 ml / ⅔ taza de nata (crema) agria
⅓ taza de aceite vegetal
2 huevos muy grandes batidos
⅓ taza de café solo o café soluble
1 cucharadita de sirope (jarabe) de malta de arroz
sal marina al gusto

1   Precaliente el horno a 160°C/325°F. Disponga nueve cápsulas en un molde para magdalenas pequeñas.

2   En un cuenco grande, introduzca la harina, la levadura, el bicarbonato de soda, la estevia, 3 cucharadas de las pacanas y una punta de sal, y mézclelo todo bien. Añada la nata agria, el aceite, los huevos y ¼ taza del café, y remueva hasta que todo esté uniformemente mezclado. Déjelo reposar un momento y luego pase cucharadas de la mezcla a las cápsulas.

3   Hornéelas durante 20 minutos o hasta que las magdalenas hayan subido y la parte superior retroceda al presionarla con un dedo. Déjelas enfriar durante 5 minutos y póngalas sobre una rejilla metálica.

4   Para elaborar la cobertura, pase el sirope y la cucharada de café restante a un cuenco y mézclelos. Riegue cada magdalena con unas gotas de la mezcla. Espolvoréelas con el resto de las pacanas y sírvalas templadas. Se conservan hasta dos días si las guarda en un contenedor hermético.

SIROPE DE MALTA DE ARROZ

Preparar masas con este sirope es similar a hacerlo con azúcar por lo que a la calidad y a la textura respecta. Sin embargo, debe tenerse en cuenta que puede quemarse rápidamente. Para evitarlo, disponga una hoja de papel de horno sobre la masa que vaya a hornear para proteger la superficie mientras se cuece el resto de la masa.

POR MAGDALENA: 170 CAL | 16,6 G GRASAS | 3,2 G GRASAS SAT. | 1,6 G CARB. | 1,1 G AZÚC. | 0,5 G SAL | 0,5 G FIBRA | 3,6 G PROT.

BARRITAS DE ARÁNDANOS CON AVENA

Una especie de cruce entre galleta y barrita de avena, con su jugosa explosión de arándanos, que le proporcionará energía para empezar el día.

PARA: 12 BARRITAS   PREP.: 15 MIN.   COCCIÓN: 25 MIN.

115 g/8 cucharadas de mantequilla (manteca) sin sal
100 g/³/4 taza de harina de quinoa
100 g/1 taza de copos de avena
1 pizca de sal marina
1/2 cucharadita de nuez moscada recién rallada
1 cucharadita de canela molida
1/2 cucharadita de pimienta de Jamaica molida
1/2 cucharadita de levadura en polvo
1/2 cucharadita de bicarbonato de soda
2 cucharadas de sirope (jarabe) de malta de arroz
1 huevo muy grande batido
60 g/1/2 taza de arándanos azules
30 g/¹/3 taza de arándanos rojos picados gruesos (opcional)

1 Precaliente el horno a 160°C/325°F. Forre un molde de 26 x 16 cm/10¹/2 x 6¹/2 pulgadas con papel vegetal. Funda la mantequilla en un cazo y luego pásela a un cuenco grande.

2 Ponga el resto de los ingredientes excepto los arándanos azules y rojos en el cuenco y mézclelos para formar una papilla granulosa. Añada con cuidado los arándanos azules y rojos, si los utiliza.

3 Vierta la masa en el molde que ha preparado y distribúyala para formar una capa uniforme con el dorso de una cuchara. Hornéela entre 20 y 25 minutos o hasta que esté bien dorada y se haya solidificado.

4 Pásela a una rejilla metálica para que se enfríe. Pasados 10 minutos, córtela en 12 barras. A continuación, déjelas enfriar por completo. Sírvalas o guárdelas en un contenedor hermético; se conservarán hasta 3 días.

DELICIAS ROJAS

En los arándanos rojos abunda la vitamina C y la fibra, y se incluye una buena dosis de fitonutrientes. Puesto que poseen grandes cantidades de azúcar, hay que tomarlos con moderación.

POR BARRITA: 141 CAL | 8,9 G GRASAS | 5 G GRASAS SAT. | 12 G CARB. | 0,6 G AZÚC. | 0,3 G SAL | 1,7 G FIBRA | 3,3 G PROT.

GACHAS DE AVENA CREMOSAS CON MORAS

La avena es un hidrato de carbono complejo que ofrece energía de liberación lenta que le proporcionará vitalidad durante toda la mañana.

PARA: 2 PERSONAS   PREP.: 5 MIN.   COCCIÓN: 8 MIN.

100 g / ½ taza de copos de avena
1 pizca pequeña de sal marina
600 ml / 2½ tazas de agua fría
¼ taza de nata (crema) espesa, y un poco más para acompañar
1 cucharada de estevia
1 cucharada de semillas de calabaza
6 moras grandes en cuartos

1   Ponga la avena y la sal en una cacerola mediana, y vierta el agua por encima. Llévela a ebullición, reduzca el fuego a medio-bajo y déjela cocer, removiendo periódicamente, entre 5 y 6 minutos o hasta que la avena se haya hinchado pero conserve una consistencia densa que permita verterla.

2   Agregue, sin dejar de remover, la nata y la estevia. Ponga cucharadas de las gachas en dos cuencos, cúbralas con las semillas de calabaza y las moras, y sírvalas inmediatamente con un poco de nata extra para regar la parte superior.

COMO ALTERNATIVA...

Durante generaciones, los escoceses han preparado las gachas con agua, por lo que puede omitir la nata, si lo prefiere (aunque es una buena fuente de calcio).

POR RACIÓN: 268 CAL | 9 G GRASAS | 2,9 G GRASAS SAT. | 38 G CARB. | 1,5 G AZÚC. | 0,7 G SAL | 7,2 G FIBRA | 11 G PROT.

POPURRÍ CRUJIENTE DE FRUTOS SECOS Y SEMILLAS

Aunque es ideal para empezar el día, un puñado de esta mezcla crujiente de frutos secos y semillas resultará igual de deliciosa como tentempié.

PARA: 6 PERSONAS PREP.: 10 MIN. COCCIÓN: 15 MIN.

100 g/1 taza de copos de avena
10 g/2 cucharadas de coco rallado
20 g/3 cucharadas de semillas de calabaza
20 g/3 cucharadas de almendra fileteada
20 g/3 cucharadas de pacanas (nueces de pecán)
55 g/¼ taza de semillas de lino
20 g/2 cucharadas de almendra molida
1 cucharada de estevia
1 cucharadita de canela molida
½ cucharadita de jengibre molido
1 pizca de sal marina
55 g/¼ taza de mantequilla de almendra
70 g/5 cucharadas de mantequilla (manteca)
2 cucharadas de yogur natural

1 Precaliente el horno a 160 °C/325 °F. Ponga la avena, el coco, las semillas de calabaza, la almendra fileteada y las pacanas en el robot de cocina, y tritúrelo todo brevemente para que queden trozos gruesos. Pase la mezcla a un cuenco grande, añada las semillas de lino, la almendra molida, la estevia, las especias y la sal, y mézclelo todo bien.

2 Funda ambas mantequillas en un cazo, removiéndolas. Vierta la mezcla sobre los ingredientes secos y remueva.

3 Distribuya la mezcla uniformemente en una fuente grande. Hornéela durante 15 minutos; una vez cocida, debería desprender un aroma a tostado y tener la superficie ligeramente dorada. Déjela enfriar por completo.

4 Agite la fuente para que los ingredientes se separen en trozos de tamaño irregular. Sirva el popurrí con una cucharada de yogur natural o guárdelo en un tarro hermético hasta una semana.

PROTEÍNAS

Los frutos secos y las semillas de esta mezcla proporcionan abundantes proteínas además de fibra, convirtiéndola en el desayuno ideal de cada día para resistir hasta la hora de comer.

POR RACIÓN: 302 CAL | 24,5 G GRASAS | 8,8 G GRASAS SAT. | 15,2 G CARB. | 0,8 G AZÚC. | 0,7 G SAL | 4,3 G FIBRA | 7,3 G PROT.

YOGUR GRIEGO CON RALLADURA DE NARANJA Y SEMILLAS TOSTADAS

Tostando las semillas de esta receta se incrementa su sabor y forman un contraste perfecto con la suavidad y la cremosidad del yogur.

PARA: 2 PERSONAS   PREP.: 5 MIN.   COCCIÓN: 3 MIN.

2 cucharaditas de semillas de lino
2 cucharaditas de semillas de calabaza
2 cucharaditas de semillas de chía
200 g/1 taza de yogur griego natural
la ralladura de 1 naranja pequeña y 1 cucharadita de zumo (jugo)

1 Ponga una sartén pequeña a fuego medio. Cuando esté caliente, añada las semillas. Tuéstelas, removiéndolas constantemente, con una cuchara de madera hasta que empiecen a dorarse y desprendan aroma. Páselas a una fuente y déjelas enfriar.

2 Vierta el yogur a cucharadas en dos tarros de cristal o cuencos para servir, y espolvoree las semillas por encima, seguidas de la ralladura. Rocíelo todo con el zumo de naranja y sírvalo inmediatamente.

LINAZA Y SALUD

Las semillas de lino o linaza contienen gran cantidad de omega–3, ácidos grasos esenciales que se ha demostrado que reducen el riesgo de infarto y enfermedades cardíacas.

POR RACIÓN: 172 CAL | 10,6 G GRASAS | 4,3 G GRASAS SAT. | 8,1 G CARB. | 4,3 G AZÚC. | TRAZAS DE SAL | 3,3 G FIBRA | 12 G PROT.

ZUMO ENERGÉTICO
DE PIMIENTO ROJO

Repleto de antioxidantes que actúan contra las enfermedades y el envejecimiento, este zumo proporciona energía a raudales para todo el día.

PARA: 2 PERSONAS   PREP.: 5 MIN.

2 bulbos de hinojo con las hojas, por la mitad
1 manzana por la mitad
1 pimiento (morrón) rojo pequeño por la mitad
1 zanahoria por la mitad
200 ml/1 taza de agua fría

1 Retire algunas hojas del hinojo y resérvelas.

2 Introduzca en la licuadora la manzana, seguida del hinojo y del pimiento, y, por último, la zanahoria, y lícuelo todo.

3 Vierta el zumo en una jarra, añada el agua y mézclelo bien.

4 Distribúyalo en dos vasos, decórelo con las hojas de hinojo que ha reservado, y sírvalo inmediatamente.

MILAGROSA MANZANA

La manzana es una buena fuente de vitamina C, pectina soluble (que ayuda a mantener el colesterol a raya) y los minerales calcio, magnesio y fósforo.

POR RACIÓN: 93 CAL | 0,5 G GRASAS | TRAZAS GRASAS SAT. | 21,9 G CARB. | 10,9 G AZÚC. | 0,2 G SAL | 1,5 G FIBRA | 2,6 G PROT.

ALMUERZOS Y TAPAS

SOPA DE VACUNO AROMÁTICA

Olvídese de las sopas envasadas, que a menudo contienen azúcares ocultos.
Esta sustanciosa sopa casera le mantendrá saciado durante horas.

PARA: 6 PERSONAS PREP.: 20 MIN. COCCIÓN: 1 H

2 cebollas
2 cucharadas de aceite de girasol
1 cucharada de cúrcuma
1 cucharadita de comino molido
100 g/½ taza de guisantes (arvejas) secos verdes
o amarillos
1,2 l/5 tazas de caldo de vacuno
225 g de picadillo (carne picada) de vacuno
200 g/1 taza de arroz de grano largo
1 cucharada de cilantro (culantro) fresco picado grueso,
y un poco más para decorar
1 cucharada de cebollino (ciboulette) picado fino
55 g/1 taza de espinacas mini picadas finas
25 g/2 cucharadas de mantequilla (manteca)
2 dientes de ajo picados finos
3 cucharadas de menta fresca picada fina
sal marina y pimienta al gusto
⅓ taza de yogur griego natural

1 Ralle una de las cebollas en un cuenco grande y pique fina la otra. Caliente el aceite en una cacerola grande a fuego medio-bajo. Añada la cebolla y sofríala, removiendo de vez en cuando, de 8 a 10 minutos hasta que se dore. Incorpore la cúrcuma y el comino, y remueva. Agregue los guisantes secos y vierta el caldo. Después de llevarlo a ebullición, baje el fuego y déjelo cocer tapado a fuego lento 15 minutos.

2 Mientras tanto, añada la carne a la cebolla, salpimiéntela y mezcle bien ambos ingredientes. Forme bolitas con la mezcla.

3 Añada las albondiguillas a la sopa, tape de nuevo la cacerola y déjelas cocer durante 10 minutos. Incorpore el arroz y, sin dejar de remover, añada el cilantro, el cebollino y las espinacas. Déjelo cocer todo, removiendo con frecuencia, entre 25 y 30 minutos o hasta que el arroz esté tierno.

4 Funda la mantequilla en una sartén a fuego lento. Añada el ajo y cuézalo todo, removiendo con frecuencia, 2 o 3 minutos más. Incorpore la menta y siga cociéndolo un minuto más.

5 Reparta la sopa entre varios cuencos y espolvoréela con la mezcla de ajo. Añada una cucharada de yogur a cada cuenco y espolvoréelo con el resto del cilantro.

GUISANTES SECOS

Además de fibra soluble, los guisantes contienen abundantes proteínas y dos vitaminas del grupo B. Son una fuente de nutrientes asequible.

POR RACIÓN: 344 CAL | 12,7 G GRASAS | 5 G GRASAS SAT. | 40,8 G CARB. | 3,9 G AZÚC. | 2,4 G SAL | 6,3 G FIBRA | 17 G PROT.

SOPA DE BONIATO

Si bien posee un delicioso sabor dulce, esta sopa espesa y saciante de color vivo aporta pocos azúcares.

PARA: 6 PERSONAS   PREP.: 25 MIN.   COCCIÓN: 30 MIN.

1 cucharada de aceite vegetal
1 cebolla picada fina
1 trozo de jengibre de 2,5 cm de largo
pelado y picado fino
1 cucharadita de curry en polvo suave
1 cucharadita de sal marina
3 boniatos (batatas, camotes) troceados
400 ml / 1²/₃ taza de leche de coco
1 l / 3³/₄ tazas de caldo vegetal
el zumo (jugo) de 1 lima
2 cucharadas de cilantro (culantro) fresco picado
grueso para decorar

1 Caliente el aceite en una cacerola grande de fondo pesado a fuego medio-fuerte. Añada la cebolla y el jengibre, y sofríalos 5 minutos removiendo hasta que estén tiernos. Añada el curry y la sal, y prosiga la cocción, removiendo, durante un minuto más. Agregue el boniato, la leche de coco y el caldo, y llévelo todo a ebullición. Reduzca el fuego a medio y déjelo cocer, sin tapar, durante 20 minutos o hasta que el boniato esté tierno.

2 Triture la sopa por tandas en una batidora o robot de cocina, o bien con una batidora de mano. Devuelva la sopa al fuego hasta darle otro hervor y, a continuación, vierta el zumo de lima y remueva. Reparta la sopa entre varios cuencos y espolvoréela con el cilantro.

EL BONIATO

Con un elevado contenido en vitamina C, potasio y betacarotenos (que el cuerpo convierte en vitamina A), el boniato enriquece cualquier ágape de forma saludable. También contiene manganeso.

POR RACIÓN: 242 CAL | 13,3 G GRASAS | 9,8 G GRASAS SAT. | 27 G CARB. | 7,2 G AZÚC. | 1,6 G SAL | 3,8 G FIBRA | 3 G PROT.

ALMEJAS CON BEICON, PUERROS Y CALDO CREMOSO

El puerro aporta mucho sabor y contiene poco azúcar. Aquí, el beicon resulta un complemento excelente de las almejas.

PARA: 4 PERSONAS   PREP.: 45 MIN.   COCCIÓN: 1³/4 H

1,5 kg/3¹/2 libras de almejas listas para cocinar
1 cucharadita de mantequilla (manteca)
12 lonchas de beicon (panceta) picadas gruesas
2 puerros en rodajas
1 diente de ajo picado fino
100 ml/¹/2 taza de coñac
300 ml/1¹/4 taza de agua fría
100 ml/¹/2 taza de nata (crema) ligera
25 g/¹/4 taza de perejil fresco picado fino

1 Deseche las almejas que tengan las valvas rotas o que no se abran al golpearlas.

2 Caliente la mantequilla en una cacerola grande de fondo pesado a fuego medio. Agregue el beicon y fríalo, removiendo, entre 4 y 5 minutos o hasta que esté crujiente y dorado. Con una espumadera, páselo a una fuente provista de papel de cocina.

3 Ponga el puerro y el ajo en la cacerola y fríalos, removiendo regularmente, durante 5 minutos o hasta que estén tiernos pero no dorados.

4 Vierta el coñac y déjelos cocer a fuego lento durante 1 minuto para quemar el alcohol (el coñac es fácil que se inflame en una cacerola caliente; tenga cuidado). Añada el agua y remueva bien. Suba el fuego a medio–fuerte y, cuando el agua comience a hervir, incorpore las almejas. Tape la cacerola y cueza las almejas al vapor durante 5 minutos o hasta que se hayan abierto.

5 Retire la cacerola del fuego. Deseche las almejas que no se hayan abierto. Agregue el beicon y la nata. Espolvoréelo todo con el perejil y sírvalo en cuencos. Ofrezca un cuenco grande vacío para las valvas.

COMPRAR BEICON

Procure adquirir beicon de una marca que no incorpore azúcares en el proceso de curado.

POR RACIÓN: 380 CAL | 20,5 G GRASAS | 9,6 G GRASAS SAT. | 9,8 G CARB. | 3 G AZÚC. | 2,2 G SAL | 0,9 G FIBRA | 25 G PROT.

ENSALADA TIBIA DE QUINOA, CALABAZA ASADA Y PIÑONES

Los incas consideran la quinoa como un alimento sagrado, que desde hace tiempo se valora por su sabor y sus propiedades saciantes. Rica en proteínas y vitaminas, es ideal en ensaladas.

PARA: 2 PERSONAS   PREP.: 20 MIN.   COCCIÓN: 30 MIN.

100 g / 1/2 taza de quinoa blanca aclarada
350 ml / 1 1/2 taza de agua fría
200 g / 1 1/2 taza de trozos de calabaza bellota
moscada o bonetera pelada y sin semillas
1/4 taza de aceite de oliva
una pizca de cayena
20 g / 2 cucharadas de piñones
25 g / 1/4 taza de perejil fresco picado fino
20 g / 3/4 taza de espinacas mini
el zumo (jugo) de 1/4 limón, y cuñas de limón para decorar
sal marina y pimienta al gusto

1   Precaliente el horno a 180 °C / 350 °F. Ponga la quinoa en una cacerola. Añada el agua, llévela a ebullición, tape la cacerola y déjela cocer a fuego lento durante 10 minutos. Retírela del fuego pero deje la cacerola tapada 7 minutos más para que los granos se hinchen. Espónjela con un tenedor.

2   Mientras tanto, ponga la calabaza y 2 cucharadas de aceite en una fuente de asar grande, espolvoréela con la cayena y una pizca de sal, y remuévala bien. Ásela durante 25 minutos o hasta que quede crujiente por los bordes y tierna en el interior. Pásela a un cuenco.

3   Tueste los piñones en seco en una sartén a fuego fuerte hasta que comiencen a dorarse; luego, páselos al cuenco. Mezcle la quinoa, el perejil y las espinacas con cuidado para no estropear ninguno de los ingredientes y salpiméntelos.

4   Reparta la ensalada entre dos fuentes, alíñela con el resto del aceite y el zumo de limón, y sírvala con cuñas de limón para exprimirlas sobre la ensalada.

COCINAR LA QUINOA

Una vez cocida, la quinoa debería quedar un poco al dente como el cuscús; no la cueza en exceso. Si la cacerola se queda sin agua durante la cocción, añada un poco más y apague el fuego. Deje reposar la quinoa durante 10 minutos con la cacerola tapada. El vapor que queda en su interior debería bastar para terminar de cocer la quinoa sin saturarla.

POR RACIÓN: 521 CAL | 37 G GRASAS | 4,5 G GRASAS SAT. | 40,5 G CARB. | 2 G AZÚC. | 1,5 G SAL | 4,6 G FIBRA | 9,9 G PROT.

Una ensalada clásica corona estas tostadas crujientes de pan rústico con alto contenido en fibra formando una concentración de sabores mediterráneos.

PARA: 4 PERSONAS   PREP.: 20 MIN.   COCCIÓN: 5 MIN.

1 diente de ajo majado (triturado)
¼ taza de aceite de oliva
2 rebanadas de pan integral con semillas
200 g de queso feta en dados
¼ pepino en dados pequeños
25 g / ¼ taza de aceitunas negras maduras deshuesadas (descarozadas)
4 tomates pera picados gruesos
½ cebolla pequeña troceada gruesa
2 cucharadas de hojas de menta troceadas
2 ramitas de orégano picado
1 cogollo de lechuga (atado) picado fino
½ cucharadita de semillas de sésamo tostadas
2 cucharaditas de piñones (opcional)
pimienta al gusto

1   Precaliente el gratinador a temperatura media–alta. Ponga el ajo y aceite en un cuenco grande y mézclelos bien.

2   Coloque el pan en la rejilla del horno, úntelo ligeramente con aceite de ajo y tuéstelo bien lejos del calor entre 2 y 3 minutos o hasta que esté crujiente y dorado. Dele la vuelta y úntelo con un poco más de aceite; tuéstelo de nuevo.

3   Añada el feta al resto del aceite con ajo que tiene en el cuenco y salpimiéntelo. Añada el pepino, las aceitunas, el tomate, la cebolla, la menta y el orégano. A continuación, incorpore con cuidado la lechuga.

4   Vierta cucharadas de ensalada y su jugo sobre las tostadas. Espolvoréelas con semillas de sésamo y piñones, si los utiliza. Corte cada tostada por la mitad y sirva media por persona.

SEMILLAS DE SÉSAMO

Contienen minerales, vitaminas y antioxidantes en abundancia. Son especialmente ricas en ácidos grasos monoinsaturados, que ayudan a prevenir el infarto y las enfermedades coronarias.

POR RACIÓN: 379 CAL | 28,8 G GRASAS | 9,7 G GRASAS SAT. | 20,2 G CARB. | 6,7 G AZÚC. | 2,8 G SAL | 3,6 G FIBRA | 11,5 G PROT.

PIZZAS DE PAN DE PITA CON CINTAS DE CALABACÍN AL AJO

Un almuerzo fresco al más puro estilo mediterráneo con una base saciante y crujiente, y una cobertura de hortalizas. ¡Olvídese de los retortijones de hambre!

PARA: 2 PERSONAS   PREP.: 20 MIN.   COCCIÓN: 10 MIN.

50 g / ¼ taza de crème fraîche (o más queso ricotta)
1 calabacín (zucchini) cortado en tiras con un pelador de verduras
4 tomatitos cherry cortados en cuartos
50 g / ¼ taza de queso ricotta
1 diente de ajo majado (triturado)
2 cucharadas de aceite de oliva
lechuga variada para acompañar (opcional)

BASES DE PIZZA

100 g / ¾ taza de harina integral, y un poco más para espolvorear
50 g / ⅓ taza de harina de quinoa
¾ cucharadita de bicarbonato de soda
1 cucharada de aceite de oliva
2 cucharadas de agua templada
sal marina al gusto

1 Precaliente el horno a 200°C / 400°F. Para elaborar las bases de la pizza, ponga las harinas y el bicarbonato en un cuenco mezclador, añada sal y remueva. Vierta el aceite y, a continuación, agregue agua templada en cantidad suficiente como para formar una masa suave pero no pegajosa.

2 Espolvoree ligeramente la superficie de trabajo con harina. Trabaje la masa durante 2 minutos o hasta que sea homogénea y un poco elástica.

3 Meta en el horno dos bandejas grandes para que se calienten.

4 Divida la masa en dos partes. Estire cada parte hasta formar un círculo de aproximadamente ½ cm de grosor. Retire las bandejas calientes del horno y, rápidamente, disponga la masa sobre ellas. Distribuya la crème fraîche sobre las bases de pizza y, encima, coloque el calabacín y el tomate. Desmenuce el ricotta por encima y meta las pizzas en el horno.

5 Hornéelas entre 7 y 10 minutos o hasta que la base quede crujiente y haya subido un poco y el ricotta comience a dorarse.

6 Mezcle el ajo y el aceite en un cuenco pequeño, y rocíe las pizzas calientes. Sírvalas con la lechuga, si la utiliza.

TRABAJAR LA MASA

Presione la masa, estirándola hacia sí mismo, con el pulpejo de la mano. Se trata de estirar las hebras de gluten que contiene. Doble la mitad superior de la masa de nuevo hacia sí y presiónela y estírela de nuevo. Repita la operación hasta que la masa sea homogénea y elástica.

POR RACIÓN: 568 CAL | 31,4 G GRASAS | 8 G GRASAS SAT. | 57,6 G CARB. | 3,7 G AZÚC. | 2,1 G SAL | 8,2 G FIBRA | 14 G PROT.

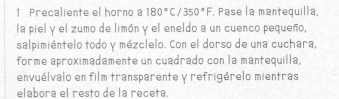

ESPÁRRAGOS CON SALMÓN AHUMADO Y HUEVO ESCALFADO

Los espárragos con salmón y huevos escalfados con mantequilla de limón resultan un lujoso almuerzo o aperitivo veraniego.

PARA: 2 PERSONAS   PREP.: 25 MIN.   COCCIÓN: 21 MIN.

50 g / 4 cucharadas de mantequilla (manteca)
sin sal reblandecida
la ralladura de ½ limón sin encerar y ½ cucharadita
de zumo (jugo)
1 ramita de eneldo fresco picado grueso
400 g de salmón ahumado en caliente
10 espárragos sin el extremo duro
2 huevos muy grandes
sal marina y pimienta al gusto

1 Precaliente el horno a 180 °C / 350 °F. Pase la mantequilla, la piel y el zumo de limón y el eneldo a un cuenco pequeño, salpimiéntelo todo y mézclelo. Con el dorso de una cuchara, forme aproximadamente un cuadrado con la mantequilla, envuélvalo en film transparente y refrigérelo mientras elabora el resto de la receta.

2 Envuelva el salmón en papel de aluminio y hornéelo durante 15 minutos. Con un tenedor, separe el salmón en trozos pequeños y manténgalo caliente.

3 Cueza los espárragos en una cacerola con agua ligeramente salada durante 2 minutos. Escúrralos y manténgalos bajo el chorro de agua fría unos instantes para detener la cocción; resérvelos.

4 Caliente una segunda cacerola con agua hasta que llegue casi a ebullición. Casque un huevo en una taza y remueva el agua para formar un remolino. Cuando el remolino se ralentice hasta casi detenerse, disponga el huevo en el centro. Déjelo cocer 2 o 3 minutos y retírelo con una espumadera. Repita la operación con el segundo huevo.

5 Reparta los 10 espárragos entre dos fuentes y cúbralos con el salmón. Luego coloque encima un huevo escalfado y remátelo con una cucharadita de mantequilla de limón. El calor que conserva el huevo debería fundir la mantequilla y formar una suculenta salsa de hierbas al limón. Sirva el plato enseguida.

COMO ALTERNATIVA...

Si no le gusta el limón, sustitúyalo por perejil
y un poco de ajo majado.

POR RACIÓN: 618 CAL | 40 G GRASAS | 18,6 G GRASAS SAT. | 3,5 G CARB. | 1,7 G AZÚC. | 2,5 G SAL | 1,7 G FIBRA | 58 G PROT.

QUICHE SIN COSTRA DE CALABAZA, CHORIZO Y QUESO DE CABRA

Esta sencilla quiche destaca por la energía que proporciona el chorizo y las vitaminas que aporta la calabaza, y es ideal para llevar.

PARA: 4 PERSONAS   PREP.: 30 MIN.   REFRIG.: 30 MIN.
COCCIÓN: 1 H 20 MIN.

1 calabaza moscada pelada, sin semillas y en dados
1 cucharada de aceite de oliva
200 g de chorizo cortado en trozos pequeños irregulares
3 huevos
100 ml / 1/2 taza de crème fraîche o nata (crema) agria
2 cucharadas de hojas de tomillo fresco
100 g de queso de cabra semicurado
sal marina y pimienta al gusto
lechuga variada para acompañar (opcional)

MASA
50 g / 4 cucharadas de mantequilla (manteca) fría
en dados
100 g / 3/4 taza de harina integral, y un poco más para
espolvorear
2 cucharadas de agua fría

REFRIGERAR LA MASA

Justo antes de introducir la masa envuelta
en el frigorífico, forme un disco plano, como
si fuera una hamburguesa gigante. De esta
forma, estirarla será más fácil.

1   Precaliente el horno a 190°C/375°F. Para preparar la masa, ponga la mantequilla en un cuenco mezclador, añada la harina y salpimiente la mezcla. Con los dedos o un robot de cocina, mezcle la mantequilla con la harina hasta que parezca pan rallado. Vierta gradualmente agua en cantidad suficiente como para formar una masa suave pero no pegajosa.

2   Espolvoree ligeramente la superficie de trabajo con harina. Forme un disco con la masa (véase «Refrigerar la masa», en la columna de al lado) y envuélvalo con film transparente. Refrigere la masa por lo menos 30 minutos.

3   Mientras tanto, para elaborar el relleno ponga la calabaza y el aceite en una fuente de asar grande, salpimiéntela y remuévala para que se impregne bien. Ásela durante 15 minutos, luego remuévala y añada el chorizo. Ásela otros 15 minutos o hasta que esté crujiente por fuera y tierna por dentro, y el chorizo esté crujiente. Déjela enfriar.

4   Espolvoree la superficie de trabajo con más harina. Trabaje la masa lentamente y, a continuación, estírela hasta formar un círculo que no sobrepase los 23 cm/9 pulgadas de diámetro. Dispóngala sobre una bandeja de horno y pinche toda la superficie con un tenedor. Hornéela durante 20 minutos. Retírela del horno y, con la parte inferior de un molde redondo desmoldable de 20 cm/8 pulgadas como plantilla, corte un círculo de masa. Déjela enfriar.

5   Mientras tanto, casque los huevos en un cuenco grande y bátalos ligeramente con un tenedor. Agregue la crème fraîche o nata agria y el tomillo, y remueva; salpimiente la mezcla con abundante pimienta.

6   Forre un molde redondo de 20 cm/8 pulgadas de diámetro con papel vegetal. Coloque con cuidado la masa fría en el molde y cúbrala con el chorizo y la calabaza. Riéguela con la mezcla de huevo y desmenuce por encima el queso. Reduzca la temperatura del horno a 160°C/325°F. Hornee la quiche 30 minutos o hasta que se haya solidificado el huevo de la parte central. Sírvala templada o fría con la lechuga, si la utiliza.

POR RACIÓN: 677 CAL | 49,7 G GRASAS | 23,5 G GRASAS SAT. | 32 G CARB. | 3,9 G AZÚC. | 3 G SAL | 4,7 G FIBRA | 27,5 G PROT.

PATÉ DE QUESO AZUL A LAS FINAS HIERBAS

Este saciante paté, que resulta un almuerzo ligero fácil de preparar, también puede tomarse como aperitivo o llevarse de picnic.

PARA: 4 PERSONAS   PREP.: 20 MIN.
REFRIG.: 30 MIN.   COCCIÓN: 1 MIN.

150 g / 2/3 taza de queso crema
350 g / 1 1/2 taza de queso fresco para untar o ricotta
115 g de queso azul desmenuzado
15 g / 2 cucharadas de arándanos rojos secos picados finos
25 g / 1/4–1/2 taza de hierbas aromáticas frescas picadas finas, como perejil, cebollino (ciboulette), eneldo y estragón
6 cucharadas de mantequilla (manteca)
25 g / 3 cucharadas de nueces picadas gruesas
4 rebanadas de pan integral para acompañar

1   Ponga el queso crema en un cuenco y bátalo bien con una cuchara metálica para reblandecerlo. Añada gradualmente el queso fresco o ricotta y remueva la mezcla hasta que quede homogénea. Incorpore el queso azul, los arándanos y las hierbas aromáticas, y remuévalo todo bien. Ponga cucharadas de la mezcla en cuatro moldes pequeños y altos o en fuentes pequeñas y allane la superficie.

2   Funda la mantequilla en una cacerola pequeña a fuego lento. Si se ha formado espuma en la superficie, retírela y deséchela. Vierta con cuidado la capa amarilla en un cuenco pequeño, dejando el líquido lechoso en la cacerola. La capa amarilla es la mantequilla clarificada; deseche el líquido que quede en la cacerola.

3   Vierta un poco de mantequilla clarificada sobre todos los moldes con paté y distribuya las nueces por encima. Cúbralos con film transparente y refrigérelos por lo menos 30 minutos o hasta que se hayan solidificado.

4   Tueste el pan y sírvalo acompañado de este paté, untando un poco la tostada.

ENERGÍA DURADERA

Las proteínas del queso le proporcionan la energía de liberación lenta que necesita para su actividad diaria sin necesidad de recurrir al azúcar.

POR RACIÓN: 455 CAL | 40 G GRASAS | 24 G GRASAS SAT. | 9,8 G CARB. | 7,8 G AZÚC. | 1,8 G SAL | 0,5 G FIBRA | 15,5 G PROT.

BONIATO ASADO CON PIMENTÓN AHUMADO Y SALSA DE NATA AGRIA

Ricos en almidón, con bordes crujientes e interiores esponjosos, estos boniatos asados de sabor dulzón resultan un saciante tentempié. Utilice siempre el mejor pimentón que encuentre.

PARA: 2 PERSONAS   PREP.: 10 MIN.   COCCIÓN: 40 MIN.

2 boniatos (batatas, camotes) sin pelar, limpios
y cortados en tiras o cuñas
2 cucharadas de aceite de oliva
1 cucharada de pimentón ahumado
sal marina y pimienta al gusto

SALSA DE NATA (CREMA) AGRIA
4 tallos de cebollino (ciboulette) picados finos
150 g / 2/3 taza de nata (crema) agria

1   Precaliente el horno a 180°C/350°F. Pase el boniato, el aceite y el pimentón ahumado a un cuenco grande, salpimiéntelo y mézclelo bien para que se impregne.

2   Disponga el boniato en una bandeja de horno grande en una sola capa. Hornéelo de 30 a 40 minutos o hasta que esté crujiente.

3   Para elaborar la salsa, ponga el cebollino y la nata agria en un cuenco y mézclelos. Salpimiente la mezcla y divídala entre dos cuencos pequeños.

4   Forre dos cuencos más grandes con papel de cocina. Pase el boniato asado a los cuencos y sírvalos inmediatamente con la salsa.

COMO ALTERNATIVA...

Esta salsa también resulta con 2 cucharadas de perejil picado en lugar del cebollino, o también puede añadirse 1/2 cucharadita de pimentón ahumado.

POR RACIÓN: 399 CAL | 28,4 G GRASAS | 10,4 G GRASAS SAT. | 32,8 G CARB. | 8,8 G AZÚC. | 1,1 G SAL | 5 G FIBRA | 4 G PROT.

CHIPS CRUJIENTES DE COL RIZADA AL PARMESANO

Esta receta de chips de col rizada será uno de los platos más sencillos que haya preparado jamás. Quedan exquisitamente crujientes con el toque salado del parmesano.

PARA: 4 PERSONAS   PREP.: 10 MIN.   COCCIÓN: 15 MIN.

200 g de col (repollo) rizada sin el tallo duro
1 cucharada de aceite de oliva
una pizca de cayena
100 g/1 taza de parmesano rallado fino
sal marina al gusto

1 Precaliente el horno a 180°C/350°F. Ponga la col en aceite en un cuenco, sazónela con la cayena y sal, y remuévala.

2 Coloque la col en una bandeja de horno grande en una sola capa. Espolvoréela con el queso. Hornee la col entre 10 y 15 minutos o hasta que las hojas estén secas y crujientes pero solo un poco doradas por las puntas.

3 Déjela enfriar durante 5 minutos hasta que esté crujiente y luego sírvala.

ASAR LA COL

Vigile la col de cerca; si se excede de cocción y las hojas adquieren un tono marrón, resultarán amargas.

POR RACIÓN: 153 CAL | 10,2 G GRASAS | 4,6 G GRASAS SAT. | 5,8 G CARB. | 0,2 G AZÚC. | 1,4 G SAL | 1 G FIBRA | 10,6 G PROT.

BARRITAS DE CHOCOLATE Y NUECES DE BRASIL

Estas barritas harán las delicias de los más golosos. Poseen una textura crujiente y algo elástica, y son perfectas para llevar a cualquier parte.

PARA: 9 BARRITAS

PREP.: 20 MIN.   COCCIÓN: 4 MIN.   REFRIG.: 30 MIN.

100 g/1 taza de almendras fileteadas
8 nueces de Brasil picadas gruesas
70 g/5 cucharadas de mantequilla (manteca)
70 g/1/4 taza de mantequilla de almendra
1 cucharadita de extracto de vainilla
50 g/1/2 taza de almendras molidas
50 g/1/2 taza de coco seco rallado
1 1/2 cucharada de jarabe de malta de arroz
2 cucharadas de cacao en polvo sin azúcar
20 g de chocolate semidulce (semiamargo)
cortado en trozos pequeños
sal marina al gusto

1   Forre un molde cuadrado de 19 cm de lado con papel vegetal. Tueste las almendras y las nueces de Brasil en seco en una sartén a fuego fuerte hasta que comiencen a dorarse; luego, páselas a un cuenco grande.

2   Funda las mantequillas en una cacerola pequeña a fuego lento. Añada la vainilla y una pizca de sal.

3   Incorpore el resto de los ingredientes a los frutos secos y remueva. Vierta la mezcla de mantequilla fundida y remueva de nuevo. Pase la mezcla al molde que ha preparado y, con el dorso de una cuchara, espárzala para que llegue a todos los rincones. Cúbrala con film transparente y refrigérela durante 30 minutos o hasta que se haya solidificado.

4   Córtela en nueve barritas y envuelva cada una de ellas en papel vegetal. Guardadas en un contenedor en el frigorífico; se conservarán hasta dos días.

AHORRE TIEMPO

Triture las nueces de Brasil en el robot de cocina para picarlas. Si compra almendras enteras en lugar de fileteadas, puede picarlas de la misma forma.

POR BARRITA: 334 CAL | 31,5 G GRASAS | 9,6 G GRASAS SAT. | 9,9 G CARB. | 3 G AZÚC. | 0,2 G SAL | 4,1 G FIBRA | 7,8 G PROT.

BOMBAS DE CHOCOLATE Y MANTECA DE CACAHUETE

Utilizado en pequeñas cantidades, el chocolate semidulce, pobre en azúcar añadido y rico en cacao, es uno de los ingredientes estrella cuando se cocina con poco azúcar.

PARA: 8 BOMBAS   PREP: 15 MIN.   REFRIG.: 30 MIN.

50 g / ⅓ taza de almendra molida
60 g / ¼ taza de manteca de cacahuete (maní) sin azúcar
20 g / 3 cucharadas de cacahuetes (maní) sin sal picados gruesos
3 cucharadas de semillas de lino
30 g de chocolate semidulce (semiamargo) picado fino
1 cucharadita de cacao en polvo sin azúcar
sal marina

1 Ponga la almendra en un robot de cocina; tritúrela 1 minuto hasta que adquiera la textura de una harina gruesa.

2 Ponga la manteca de cacahuete, los cacahuetes, las semillas de lino, el chocolate y una pizca pequeña de sal en un cuenco y mézclelo todo. Añada toda la almendra molida excepto 1½ cucharada. Mézclelo todo hasta que adquiera una consistencia parecida a la del barro.

3 Espolvoree el resto de la almendra molida y el cacao en una fuente, y mézclelos con una cucharilla. Forme una bola con la mezcla de cacahuete del tamaño de una cuchara con las palmas de las manos. Rebócelas con la mezcla de cacao y páselas a otra fuente. Forme otras siete bolas siguiendo el mismo procedimiento.

4 Cúbralas y refrigérelas durante por lo menos 30 minutos y un máximo de 2 días.

COMO ALTERNATIVA...

Si la cobertura a base de cacao le resulta demasiado amarga, sustitúyala por una cucharadita de canela molida.

POR BOMBA: 144 CAL | 11,9 G GRASAS | 2,1 G GRASAS SAT. | 5,9 G CARB. | 1,7 G AZÚC. | 0,3 G SAL | 3 G FIBRA | 4,9 G PROT.

GALLETAS DE JENGIBRE Y AVENA SIN HORNEAR

Se trata de una versión con menos azúcar de las barritas de avena. Su rica textura y su dulce sabor a jengibre y avena son irresistibles.

PARA: 8 GALLETAS
PREP.: 10 MIN.   COCCIÓN: 8 MIN.   REFRIG.: 25 MIN.

50 g / 4 cucharadas de mantequilla (manteca)
200 ml / 1 taza de nata (crema) espesa
½ cucharada de manteca de cacahuete (maní) suave sin azúcar
3 cucharadas de sirope (jarabe) de malta de arroz
1 cucharada de jengibre molido
200 g / 2 tazas de copos de avena

1   Ponga la mantequilla, la nata y la manteca de cacahuete en una cacerola y llévelas a ebullición a fuego medio, removiendo de vez en cuando. Baje el fuego a medio-bajo y deje cocer la mezcla 5 minutos.

2   Añada el resto de los ingredientes a la cacerola y remueva.

3   Forre una bandeja de horno con papel vegetal. Disponga cucharadas de la masa en la bandeja (deberían salir 8 galletas), cúbralas y refrigérelas durante 25 minutos antes de servirlas.

COMO ALTERNATIVA...

Si el jengibre no le apasiona, pruebe a utilizar la misma cantidad de canela molida o pimienta de Jamaica.

POR GALLETA: 175 CAL | 11,8 G GRASAS | 6,3 G GRASAS SAT. | 14 G CARB. | 1,6 G AZÚC. | 0,2 G SAL | 2 G FIBRA | 3,8 G PROT.

PLATOS ÚNICOS

ENTRECOT CON SALSA CHIMICHURRI Y PURÉ DE BONIATO

El chimichurri es una salsa argentina a base de hierbas con una consistencia similar a un pesto grueso. En casi todas las regiones se prepara de una forma distinta, ya sea añadiendo anchoas u omitiendo la guindilla.

PARA: 2 PERSONAS   PREP.: 30 MIN.   COCCIÓN: 22 MIN.

1 cucharada de aceite de oliva
2 entrecots (bifes de chorizo) de 125 g / 4 1/2 onzas
1/2 cucharadita de comino molido
sal marina y pimienta al gusto

SALSA CHIMICHURRI
15 g / 1/4 taza de perejil picado grueso
15 g / 1 cucharada de orégano fresco
3 dientes de ajo pequeños picados gruesos
1/2 chalote (echalote) picado grueso
1/4 guindilla (chile) roja, pelada y picada gruesa
3 cucharadas de aceite de oliva virgen extra
1 cucharadita de vinagre de vino tinto
zumo (jugo) de 1/4 limón

PURÉ DE BONIATO
2 boniatos (batatas, camotes) pequeños cortados en trozos de 2 cm / 3/4 pulgada
1 1/2 cucharada de mantequilla (manteca)

1   Para preparar el puré de boniato, cueza los tubérculos en una cacerola grande con agua ligeramente salada hirviendo entre 12 y 15 minutos o hasta que estén tiernos. Escúrralos, retire la cacerola del fuego y deje que se evaporen durante por lo menos 5 minutos. Con un prensapatatas, chafe los boniatos hasta que adquieran una textura suave.

2   Mientras tanto, para elaborar la salsa chimichurri, ponga todos los ingredientes en un robot de cocina, salpiméntelos y tritúrelos hasta conseguir una pasta de consistencia similar a la del pesto. Si la mezcla resulta demasiado espesa, añada un poco más de aceite Pásela a un cuenco, tápela y resérvela.

3   Devuelva el puré al fuego y caliéntelo antes de añadirle la mantequilla. Salpiméntelo y manténgalo caliente.

4   Frote ambos lados de los bistecs con el aceite y, a continuación, añádales la sal y el comino. Caliente una parrilla a fuego fuerte hasta que comience a humear. Fría los entrecots de 2 a 3 minutos por lado o más, si prefiere la carne más hecha. Déjelos reposar 2 minutos.

5   Sirva cada entrecot en un plato con la salsa chimichurri por encima y acompañado del puré de boniato.

RICA CARNE ROJA

En la carne roja abunda el selenio y el zinc, y se hallan presentes de forma moderada el hierro y el fósforo. También es una buena fuente de proteínas y vitaminas del grupo B.

POR RACIÓN: 691 CAL | 52,8 G GRASAS | 15,7 G GRASAS SAT. | 26,4 G CARB. | 5,2 G AZÚC. | 2 G SAL | 3,8 G FIBRA | 27 G PROT.

REVUELTO DE CARNE CON BRÓCOLI Y SEMILLAS DE SÉSAMO

El verde brillante del brócoli y la jugosa carne son las estrellas de este revuelto. El aceite de sésamo aporta un toque de sabor a frutos secos.

PARA: 2 PERSONAS
PREP.: 15 MIN. MÁS ADOBADO   COCCIÓN: 10 MIN.

1 cucharada de salsa de soja,
y un poco más para acompañar
1 cucharada de aceite de sésamo,
y un poco más para acompañar
1 trozo de solomillo de 200 g cortado en tiras
2 cucharaditas de semillas de sésamo
1 cucharada de aceite de cacahuete (maní)
1 diente de ajo grande fileteado fino
½ guindilla (chile) roja, sin semillas y cortada
en rodajas finas a lo largo (opcional)
250 g/9 onzas de brócoli
3 cucharadas de agua

1   Mezcle la salsa de soja y el aceite de sésamo en un cuenco grande; añada la carne e imprégnela bien. Tápela y déjela marinar 10 minutos.

2   Tueste en seco las semillas de sésamo en un wok grande a fuego fuerte hasta que comiencen a dorarse, luego agréguelas al cuenco con la carne y resérvela.

3   Retire el wok del fuego y límpielo con papel de cocina. Devuélvalo al fuego y vierta el aceite. Retire la carne del adobo y cuézala rápidamente, dándole la vuelta de vez en cuando, hasta que se haya dorado por todas partes y esté cocida a su gusto. Pásela a una fuente y resérvela.

4   Si la sartén queda seca, añada un poco más de aceite y luego saltee el ajo y la guindilla. Añada el brócoli, el adobo y el agua. Remuévalo todo y fríalo 1 minuto hasta que el brócoli quede de color verde brillante y comience a estar tierno.

5   Devuelva la carne al wok y remueva bien. Divida el salteado entre dos platos y alíñelo con más salsa de soja y aceite de sésamo. Sirva el plato enseguida.

COMO ALTERNATIVA...

Añada un trozo de jengibre fresco de 2,5 cm rallado fino con el ajo y la guindilla en el paso cuatro y añada un manojo de cilantro fresco picado fino al final del paso cinco.

POR RACIÓN: 366 CAL | 24,5 G GRASAS | 4,8 G GRASAS SAT. | 10,5 G CARB. | 2,2 G AZÚC. | 1,4 G SAL | 4,1 G FIBRA | 28,6 G PROT.

ESTOFADO DE TERNERA CON ALBÓNDIGAS DE QUESO

Nutritivo, intenso y reconfortante, este delicioso estofado de invierno atraerá a todos a la mesa y saciará hasta al comensal más hambriento.

PARA: 4 PERSONAS   PREP.: 30 MIN.   COCCIÓN: 3 1/4 H

1/4 taza de aceite de oliva
1/2 cebolla picada fina
1 puerro en rodajas finas
1 tallo de apio picado grueso
4 dientes de ajo picados finos
1 cucharadita de tomate concentrado
900 g de carne de vacuno de la pierna, troceada
45 g/1/3 taza de harina de quinoa
125 ml/1/2 taza de coñac
800 ml/3 1/2 tazas de caldo de carne
1 cucharada de hojas de tomillo fresco
2 cucharadas de perejil fresco picado fino
2 cucharaditas de pimentón ahumado
6 clavos de olor
2 hojas de laurel fresco
sal marina y pimienta al gusto
200 g de col (repollo) rizada troceada para acompañar
zumo (jugo) de 1/4 limón para acompañar

ALBÓNDIGAS
125 g/1 taza de harina de quinoa
20 g/2 cucharadas de sebo o lardo de vacuno
60 g/1/2 taza de queso cheddar curado en tiras
1 cucharadita de levadura en polvo
1 cucharada de hojas de tomillo fresco
2 cucharadas de perejil fresco picado fino
1/4 taza de agua

1   Caliente 2 cucharadas del aceite en una cacerola con tapa a fuego medio. Añada la cebolla, el puerro y el apio, y sofríalos 5 minutos, hasta que estén tiernos. Incorpore el ajo y el tomate concentrado, remuévalo todo bien, baje el fuego a medio-bajo y déjelo cocer a fuego lento mientras cocina la carne.

2   Caliente el resto del aceite en una sartén grande de fondo pesado a fuego fuerte hasta que comience a humear. Salpimiente la carne, añádala a la sartén por tandas y fríala unos pocos minutos, dándole la vuelta, hasta que esté dorada. Con una espumadera, pase la primera tanda a una fuente mientras dora el resto de la carne. Pase la carne a la cacerola y agregue la harina de quinoa; remuévalo todo.

3   Baje el fuego a medio-alto. Desglase la sartén con el coñac, con cuidado porque puede inflamarse. Con una cuchara de madera, desprenda los restos de carne del fondo de la sartén, mézclelos con el coñac, y páselos a la cacerola. Vierta el caldo por encima, añada el tomillo, el perejil, el pimentón, el clavo y el laurel, y salpimiéntelo todo.

4   Dele un pequeño hervor y luego baje el fuego al mínimo, y tape la cacerola. Deje cocer la carne entre 2 y 2 1/2 horas o hasta que la salsa se haya espesado y la carne esté lo suficientemente tierna como para partirla con una cuchara.

5   Para las albóndigas, ponga la harina de quinoa, el sebo, el queso, la levadura, el tomillo y el perejil en un cuenco y mézclelos. Añada agua paulatinamente y mezcle tras cada adición hasta obtener una masa firme. Forme 12 bolitas.

6   Transcurridas entre 2 y 2 1/2 horas de cocción, retire la tapa del estofado y disponga las albóndigas por encima. Tape de nuevo la fuente y déjelo cocer todo 20 minutos.

7   Cueza la col en una cacerola grande con agua ligeramente salada durante 2 minutos. Escúrrala, exprima encima el zumo de limón y remuévala para que se impregne. Sírvala inmediatamente para acompañar el estofado.

POR RACIÓN: 830 CAL | 39,7 G GRASAS | 14,5 G GRASAS SAT. | 41 G CARB. | 3 G AZÚC. | 3,9 G SAL | 5 G FIBRA | 60 G PROT.

SALSA BOLOÑESA

Una nutritiva y saciante salsa italiana que resulta deliciosa con unos tallarines integrales.

PARA: 4 PERSONAS   PREP.: 10 MIN.   COCCIÓN: 1^1/4 H

25 g / 1 onza de setas (hongos) porcini secas
125 ml / 1/2 taza de agua templada
1 cucharada de mantequilla (manteca)
55 g / 2 onzas de panceta en dados
1 cebolla pequeña picada
1 diente de ajo picado fino
2 zanahorias pequeñas picadas finas
2 tallos de apio picados finos
300 g / 10 1/2 onzas de picadillo (carne picada) de vacuno
una pizca de nuez moscada recién rallada
1 cucharada de tomate concentrado
125 ml / 1/2 taza de vino tinto
250 ml / 1 taza de tomate triturado o salsa de tomate
2 cucharadas de perejil fresco picado fino
sal marina y pimienta al gusto
400 g / 1 libra de tallarines integrales
frescos (opcional)

1   Sumerja las setas en agua durante 20 minutos y, a continuación, escúrralas reservando el agua.

2   Mientras tanto, funda la mantequilla en una cazuela de fondo pesado a fuego medio. Sofría la panceta durante 4 minutos removiéndola hasta que esté cocida.

3   Añada la cebolla y el ajo, y sofríalos otros 4 minutos, hasta que estén translúcidos. Incorpore la zanahoria y el ajo, y cuézalos unos minutos más, removiendo a menudo.

4   Agregue el picadillo y sofríalo durante 5 minutos. Salpiméntelo y añada la nuez moscada. Vierta el tomate concentrado y sofríalo todo 1 o 2 minutos. A continuación, agregue el vino y el tomate triturado o la salsa de tomate.

5   Corte las setas en rodajas finas e incorpórelas a la salsa. Vierta también el agua de las setas. Cuézalo todo durante 1 hora o hasta que la salsa se haya espesado y la carne esté cocida.

6   Mientras tanto, hierva los tallarines, si los utiliza, según las instrucciones del envase; escúrralos bien. Espolvoree la salsa con el perejil y sírvala con los tallarines.

EL TIPO DE PASTA

Tradicionalmente, los italianos sirven esta salsa a base de carne con tallarines, no con espaguetis.

POR RACIÓN: 272 CAL | 11 G GRASAS | 5,1 G GRASAS SAT. | 14,6 G CARB. | 5 G AZÚC. | 1,6 G SAL | 3 G FIBRA | 21 G PROT.

RISOTTO DE ARROZ NEGRO CON JAMÓN Y ENDIBIA ASADA

El arroz negro (o arroz «prohibido») contiene grandes cantidades de antitoxinas y de fibra, además de poco azúcar, y permite variar del arroz para risotto tradicional.

PARA: 4 PERSONAS   PREP.: 10 MIN.   COCCIÓN: 1 H

200 g/1 taza de arroz negro
6 lonchas de jamón serrano
1 cucharada de aceite de oliva
2 endibias pequeñas cortadas en cuartos a lo largo
1 cucharada de mantequilla (manteca)
2 dientes de ajo fileteados
1 chalote (echalote) pequeño picado grueso
500 ml/2 tazas de caldo de pollo
2 cucharadas de queso mascarpone
2 cucharadas de perejil fresco picado grueso
sal marina

1 Hierva el arroz en una olla grande con agua algo salada durante 45 minutos o según las instrucciones del envase hasta que esté tierno pero ligeramente al dente.

2 Caliente una sartén honda a fuego medio–alto. Añada el jamón y fríalo en seco durante 30 segundos por lado hasta que esté crujiente. Páselo a una fuente.

3 Añada el aceite a la sartén y fría las endibias durante 2 minutos por lado hasta que queden bien doradas. Retírelas de la sartén, envuélvalas en papel de aluminio para que no se enfríen y resérvelas.

4 Reduzca el calor a medio y funda la mantequilla en la sartén. Añada el ajo y el chalote, y sofríalos 4 minutos, hasta que estén tiernos. Agregue el arroz cocido y escurrido y el caldo, llévelo a ebullición y déjelo cocer a fuego lento durante 5 minutos hasta que se hayan absorbido dos tercios del líquido. Añada el mascarpone y el perejil, devuelva las endibias a la sartén y caliéntelas.

5 Desmenuce el jamón en trozos grandes. Sirva el risotto apilado en cuatro cuencos con el jamón crujiente por encima.

EL ARROZ NEGRO

Esta antiquísima variedad de arroz originaria de China es incluso mejor que el arroz integral porque su salvado contiene una mayor cantidad de vitamina E, que refuerza el sistema inmunitario.

POR RACIÓN: 346 CAL | 17,6 G GRASAS | 8,3 G GRASAS SAT. | 38 G CARB. | 2,8 G AZÚC. | 2,8 G SAL | 2,9 G FIBRA | 12 G PROT.

POLLO FRITO CON ENSALADA DE COL LOMBARDA PICANTE

En lugar del tradicional pan rallado, este pollo incorpora un crujiente rebozado a base de harina de maíz, quinoa y trigo integral, que combina a la perfección con la deliciosa ensalada de col.

PARA: 4 PERSONAS
PREP.: 20 MIN. MÁS ADOBADO   COCCIÓN: 35 MIN.

200 ml / 1 taza de nata (crema) agria
½ cucharadita de cayena
1 diente de ajo majado (triturado)
4 muslos y 4 contramuslos de pollo
(850 g / 1,14 libras aprox.)
2 cucharaditas de harina de maíz (choclo)
2 cucharadas de harina de quinoa
2 cucharadas de harina de trigo integral
aceite para freír
sal marina y pimienta al gusto

ENSALADA DE COL
200 g / 2 tazas de col (repollo) lombarda en rodajas
1 bulbo de hinojo en rodajas
1 guindilla (chile) roja, sin semillas y cortada
en rodajas finas a lo largo
100 g / ½ taza de yogur griego natural
zumo (jugo) de ¼ limón

1 Ponga la nata agria, la cayena y el ajo en un cuenco grande, y salpiméntelos bien. Añada el pollo y remueva bien para que se impregne. Tape el cuenco con film transparente y refrigérelo de 2 a 3 horas, o toda la noche si tiene tiempo.

2 Para preparar la ensalada de col, ponga todos los ingredientes en un cuenco grande y, una vez que los haya mezclado bien, salpiméntelos. Tápela y refrigérela.

3 Mezcle las harinas en una fuente y salpimiente la mezcla. Llene una sartén de fondo pesado hasta la mitad con aceite y caliéntelo a fuego medio–alto. Caliente el aceite a 180 °C / 350 °F o hasta que un dado de pan se dore en 30 segundos. Mientras se calienta, espolvoree la mezcla de harinas sobre el pollo.

4 Fría el pollo en dos tandas porque llenar la sartén en exceso haría descender la temperatura del aceite. Con unas pinzas, sumerja la mitad del pollo en el aceite. Fríalo entre 6 y 8 minutos, dele la vuelta y cuézalo de 6 a 8 minutos más hasta que el rebozado esté bien dorado, el pollo esté cocido hasta el hueso y, cuando lo pinche con un tenedor afilado en su parte más gruesa, los jugos salgan claros pero no rosados.

5 Con una espumadera, disponga el pollo frito sobre papel de cocina para que se escurra y manténgalo caliente en el horno a baja temperatura mientras fríe la segunda tanda.

6 Sirva el pollo sobre una tabla de la que puedan servirse todos los comensales, acompañado de la ensalada.

POR RACIÓN: 695 CAL | 47,4 G GRASAS | 14,5 G GRASAS SAT. | 30 G CARB. | 6 G AZÚC. | 1,3 G SAL | 6 G FIBRA | 38 G PROT.

BROCHETAS DE POLLO CON SALTEADO DE BONIATO Y ESPINACAS

Este plato deliciosamente aromático nos transporta de inmediato a Asia gracias al complaciente aroma dulzón de la salsa satay.

PARA: 4 PERSONAS
PREP.: 20 MIN. MÁS ADOBADO   COCCIÓN: 20 MIN.

8 muslos pequeños de pollo sin hueso ni piel
(550 g aprox.), cortados en trozos de 1 cm

PARA EL ADOBO
1 tallo pequeño de hierba de limón (lemongrass)
picado fino
1 chalote (echalote) pequeño picado fino
1 diente de ajo grande picado fino
1 guindilla (chile) roja pelada y picada fina
1 trozo de jengibre fresco de 2,5 cm pelado y picado fino
2 cucharadas de cilantro (culantro) fresco picado fino
2 cucharadas de salsa de soja
1 cucharada de aceite de cacahuete (maní)

SALSA SATAY DE CACAHUETE (MANÍ)
2 cucharadas de manteca de cacahuete (maní) sin azúcar
100 ml / ½ taza de leche de coco

SALTEADO
1 cucharada de aceite de cacahuete (maní)
½ guindilla (chile) roja sin semillas y cortada en
rodajas finas
1 trozo de jengibre fresco de 2 cm
pelado y picado fino
1 boniato (batata, camote) grande cortado en tiras con
un pelador de verduras
200 g / 7 tazas de espinacas mini
un chorrito de salsa de soja

1 Ponga 8 brochetas de bambú en remojo en agua al menos 10 minutos.

2 Introduzca todos los ingredientes del adobo en el robot de cocina y tritúrelos hasta lograr una pasta fina.

3 Pase el pollo a un cuenco hondo. Vierta el adobo en el cuenco y remueva el pollo a fondo para que se impregne bien. Tape el cuenco con film transparente y refrigérelo de 2 a 4 horas.

4 Para preparar la salsa satay, ponga la manteca de cacahuete y la leche de coco en un cuenco y remuévalas bien. Pase la salsa a un cuenco de servir.

5 Ensarte el pollo adobado en las brochetas de manera uniforme. Caliente una parrilla a fuego fuerte hasta que comience a humear. Ase las brochetas durante 2 minutos por lado hasta que el pollo esté bien cocido y un poco tostado por los extremos, y cuando lo corte por la mitad los jugos salgan claros y no rosados.

6 Mientras tanto, para preparar el salteado caliente el aceite en un wok grande a fuego fuerte. Agregue la guindilla y el jengibre, y saltéelos durante 30 segundos. Incorpore el boniato y fríalo 1 minuto, luego añada las espinacas y la salsa de soja, y fríalo todo 30 segundos más.

7 Sirva las brochetas en una fuente acompañadas de la salsa y raciones individuales del salteado en cuencos.

POR RACIÓN: 451 CAL | 26,6 G GRASAS | 8,3 G GRASAS SAT. | 16,7 G CARB. | 4,1 G AZÚC. | 2,2 G SAL | 4,2 G FIBRA | 35,7 G PROT.

ROLLITO DE JAMÓN CON RAPE AL PESTO Y ESPINACAS CON RICOTTA

El rape puede secarse durante la cocción pero, al envolverlo con el jamón, conserva la humedad y el plato adquiere mucho más sabor y textura.

PARA: 4 PERSONAS   PREP.: 25 MIN.   COCCIÓN: 25 MIN.

8 lonchas de jamón serrano
3 cucharadas de pesto verde fresco
8 hojas grandes de albahaca fresca
600 g/1¼ libra de cola de rape, separada en 2 filetes
1 cucharada de aceite de oliva

ESPINACAS CON RICOTTA
2 cucharadas de aceite de oliva
1 diente de ajo fileteado fino
150 g/5½ tazas de espinacas mini
2 cucharadas de queso ricotta
sal marina y pimienta al gusto

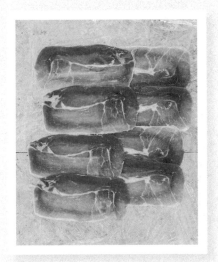

1 Precaliente el horno a 180°C/350°F. Disponga dos láminas grandes de film transparente paralelas entre sí sobre la superficie de trabajo. Coloque las láminas de jamón sobre el film de modo que los lados largos se solapen un poco más de 1 cm/½ pulgada. Unte el jamón con el pesto dejando un borde de ½ cm alrededor. Espolvoree la albahaca por encima.

2 Ponga un filete de pescado sobre el pesto con albahaca y luego el otro al lado, pero en sentido inverso.

3 Doble el jamón sobre los extremos del pescado y, utilizando el film transparente, enrolle y recubra todo el filete con el jamón. Retire el film. Pase el rollito a una fuente refractaria con el lado donde termina la loncha de jamón en la parte inferior, y rocíelo con un poco de aceite. Áselo entre 20 y 25 minutos o hasta que esté cocido pero aún jugoso.

4 Mientras tanto, para preparar las espinacas con ricotta, caliente el aceite en una sartén grande a fuego medio-fuerte. Fría el ajo durante 30 segundos hasta que esté tierno pero no quemado. Añada las espinacas y cuézalas, removiendo todo el rato para que las hojas se impregnen del aceite, durante 1 minuto hasta que hayan menguado un poco, pero no completamente. Páselas a un cuenco de servir, ponga por encima la ricotta troceada y salpimiéntelas bien.

5 Pase el pescado a una fuente de servir, córtelo en rodajas y vierta por encima los jugos que hayan quedado en la fuente. Sírvalo con las espinacas.

¿RAPE? ¡SÍ!

El rape es muy rico en proteínas e incluye vitaminas del grupo B6 y B12, esenciales para la función cerebral. Incluye asimismo los minerales fósforo y selenio.

POR RACIÓN: 341 CAL | 22 G GRASAS | 5 G GRASAS SAT. | 2,5 G CARB. | 0,6 G AZÚC. | 2,3 G SAL | 0,8 G FIBRA | 35,2 G PROT.

LUBINA CRUJIENTE AL PARMESANO

El parmesano, el perejil y el limón forman un trío de primera con el que cubrir la lubina porque le confieren un sabor exquisito sin enmascarar el propio de este delicado pescado.

PARA: 4 PERSONAS   PREP.: 15 MIN.   COCCIÓN: 4 MIN.

3 cucharadas de aceite de oliva
4 lubinas (róbalos) de unos 125 g / 4 1/2 onzas cada uno con la piel y sin espinas
la ralladura fina y el zumo (jugo) de 1 limón sin encerar, y otro limón cortado en cuñas para servir
100 g / 1 taza de parmesano rallado fino
25 g / 1/4 taza de perejil fresco picado fino
sal marina y pimienta al gusto
70 g / 2 1/2 tazas de berros, rúcula o lechuga variada para acompañar

1 Precaliente el gratinador al máximo. Unte una parrilla de horno con un poco de aceite y disponga encima los filetes de lubina, con la piel hacia abajo. Rocíelos con un poco del aceite restante y un buen chorro de limón, y salpimiéntelos.

2 Ponga la piel de limón, el queso y el perejil en un cuenco, y mézclelos bien, luego espolvoree la mezcla sobre los filetes. Rocíelos con el resto del aceite.

3 Ase el pescado durante 4 minutos hasta que esté cocido y dorado; el tiempo total de cocción dependerá del grosor de los filetes. Sírvalo inmediatamente acompañado de la ensalada y cuñas de limón para exprimir sobre el pescado.

PARMESANO, POR FAVOR

El queso parmesano es una fuente excelente de fósforo y calcio, ideal para los huesos. Incluye también grandes cantidades de proteínas, vitamina B12, zinc, selenio y riboflavinas.

POR RACIÓN: 339 CAL | 19,6 G GRASAS | 6,3 G GRASAS SAT. | 2 G CARB. | 0,5 G AZÚC. | 2 G SAL | 0,2 G FIBRA | 37 G PROT.

CALAMARES CON MAYONESA DE AZAFRÁN

En esta versión de los calamares a la romana, el célebre rebozado se prepara con almidón de maíz, que contiene menos azúcar.

PARA: 2 PERSONAS   PREP.: 30 MIN.   COCCIÓN: 9 MIN.

500 g de calamares pequeños enteros
pelados, limpios y sin vísceras
3 cucharadas rasas de almidón de maíz (choclo)
aceite vegetal, para freír
sal marina y pimienta al gusto
2 cuñas de limón para acompañar (opcional)

MAYONESA DE AZAFRÁN
unas pocas hebras de azafrán
1 cucharadita de agua tibia
3 cucharadas de mayonesa
½ diente de ajo pequeño picado fino

ENSALADA
una endibia roja separada en hojas
25 g/1 taza de berros o rúcula
10 g/¼ onza de queso parmesano
zumo (jugo) de ¼ limón
1 cucharada de aceite de oliva virgen extra

COCINAR CALAMARES

Los calamares de tamaño más pequeño suelen ser más tiernos que los grandes y requieren una cocción menor.

1 Para elaborar la mayonesa, ponga el azafrán con agua en un cuenco pequeño y déjelo reposar durante 5 minutos. Remuévalo mientras lo tiene a remojo para que libere todo su sabor. Mientras tanto, ponga la mayonesa y el ajo en un cuenco, y mézclelos bien. Cuando el azafrán haya teñido el agua de un color amarillo intenso, deseche las hebras y vierta el líquido sobre la mayonesa. Distribuya la salsa entre dos boles de servir, tápela con film transparente y refrigérela.

2 Precaliente el horno al mínimo. Para preparar la ensalada, disponga la endibia y los berros en un cuenco grande y espolvoréelos con el queso. Ponga el zumo de limón y el aceite en un cuenco pequeño y mézclelos bien con un tenedor.

3 Corte el calamar en aros de ½ cm/¼ pulgada y corte los tentáculos por la mitad. Lávelos bajo el chorro de agua fría y séquelos con papel de cocina. Ponga el almidón en una fuente y salpiméntelo. A continuación, reboce los aros de calamar.

4 Caliente el aceite en una cacerola honda de fondo pesado. Para comprobar si está lo suficientemente caliente, eche un dadito de pan. Si se dora en unos 30 segundos, el aceite está en su punto.

5 Fría los calamares en dos tandas porque llenar la cacerola en exceso haría descender la temperatura del aceite. Introduzca en el aceite la mitad de los calamares y fríalos entre 2 y 3 minutos hasta que el rebozado comience a dorarse.

6 Con una espumadera, disponga los calamares fritos sobre papel de cocina para que se escurran y manténgalos calientes en el horno mientras fríe la segunda tanda.

7 Salpiméntelos al gusto. Vierta el aliño sobre la ensalada. Sirva los calamares inmediatamente con la ensalada y la mayonesa, y cuñas de limón para exprimir encima, si lo utiliza.

POR RACIÓN: 783 CAL | 51,8 G GRASAS | 8,4 G GRASAS SAT. | 35 G CARB. | 2 G AZÚC. | 2,6 G SAL | 1,3 G FIBRA | 43,1 G PROT.

CALABAZA ASADA CON PARMESANO

Tomar esta salsa cremosa y saludable servida dentro de una calabaza resulta muy entretenido, por lo que será del agrado de toda la familia.

PARA: 4 PERSONAS   PREP.: 15 MIN.   COCCIÓN: 1 H 10 MIN.

1 calabaza pequeña
300 ml / 1¼ taza de nata (crema) espesa
3 dientes de ajo fileteados
1 cucharada de hojas de tomillo fresco y unas ramitas más para decorar
125 g / 4½ onzas de queso gruyer, suizo o münster
sal marina y pimienta al gusto
4 rebanadas de pan integral crujiente para acompañar
70 g / 2½ tazas de berros, canónigos o similar para acompañar (opcional)

1 Precaliente el horno a 180 °C / 350 °F. Corte el cuarto superior de la calabaza en horizontal para formar una tapa. Retire las semillas. Ponga la calabaza en una fuente refractaria grande.

2 Pase la nata y el ajo a una cacerola y, a fuego medio, caliéntelos justo por debajo del punto de ebullición. Retire la nata del fuego, salpiméntela y añada el tomillo; remueva. Vierta la mezcla en la calabaza y vuelva a colocar la «tapa».

3 Hornee la calabaza durante 1 hora hasta que la pulpa esté tierna. Tenga cuidado de no cocerla en exceso para que no se desmorone. Retírela del horno, levante la tapa y añada el queso. Hornee la calabaza 10 minutos más sin tapar.

4 Espolvoréela con el tomillo y un poco de ensalada, si la utiliza. Sirva la tierna pulpa de la calabaza con una ración generosa de la crema de queso, una rebanada de pan y el resto de la ensalada, si la utiliza.

¡QUE NOS DEN CALABAZAS!

La calabaza es rica en betacarotenos, que el cuerpo transforma en vitamina A, un poderoso antioxidante que beneficia nuestra piel y nuestra vista. También es una buena fuente de vitaminas del grupo B, como la B_6 y folatos.

POR RACIÓN: 453 CAL | 38 G GRASAS | 23,3 G GRASAS SAT. | 18,4 G CARB. | 3,5 G AZÚC. | 1,8 G SAL | 1,2 G FIBRA | 13,3 G PROT.

ESTOFADO DE CALABAZA CON LENTEJAS

La lenteja castellana posee un marcado sabor y es una opción excelente tanto para vegetarianos como para quienes incorporan la carne en su dieta. También abundan en ella el hierro y las proteínas.

PARA: 4 PERSONAS   PREP.: 10 MIN.   COCCIÓN: 30 MIN.

1 cucharada de aceite de oliva
1 cebolla picada fina
3 dientes de ajo picados finos
2 cucharadas de tomate concentrado
2 cucharaditas de comino molido
1 cucharadita de canela molida
¼ cucharadita de cayena
450 g/1 calabaza moscada pelada, sin semillas y en dados
100 g/½ taza de lentejas castellanas
450 ml/2 tazas de caldo vegetal
zumo (jugo) de ¼ limón
sal marina y pimienta al gusto

PARA SERVIR
2 cucharadas de cilantro (culantro) fresco picado fino
2 cucharadas de almendra fileteada
¼ taza de yogur natural

1   Caliente el aceite en una cacerola grande a fuego medio-fuerte. Añada la cebolla y el ajo, y sofríalos, removiéndolos de vez en cuando, durante 5 minutos hasta que estén tiernos.

2   Añada el tomate concentrado, el comino, la canela y la cayena, y salpiméntelo todo bien; a continuación, remuévalo. Agregue la calabaza, las lentejas y el caldo, y llévelo todo a ebullición. Reduzca el fuego al mínimo y deje cocer el estofado sin tapar durante 25 minutos, removiendo de vez en cuando, hasta que la calabaza y las lentejas estén tiernas.

3   Justo antes de servirlo, agregue el zumo de limón. Sírvalo caliente, espolvoreado con el cilantro y la almendra, y con yogur por encima.

DELICIOSAS LENTEJAS

Las lentejas contienen grandes cantidades de fibra soluble, que se ha demostrado que contribuye a reducir el riesgo de contraer enfermedades cardiacas. También son ricas en proteínas, folatos y magnesio.

POR RACIÓN: 234 CAL | 7 G GRASAS | 1,1 G GRASAS SAT. | 35 G CARB. | 6 G AZÚC. | 2,6 G SAL | 11 G FIBRA | 9,7 G PROT.

FRITTATA DE PATATAS NUEVAS Y FETA A LAS FINAS HIERBAS

Esta sencilla receta es perfecta como plato único, aunque también puede dejarla enfriar completamente, envolverla en papel de aluminio y llevársela como almuerzo o a un picnic.

PARA: 4 PERSONAS   PREP.: 20 MIN.   COCCIÓN: 35 MIN.

250 g/9 onzas de patatas (papas) nuevas limpias
85 g/3 tazas de espinacas mini
5 huevos
1 cucharada de eneldo fresco picado fino,
y un poco más para decorar
1 cucharada de cebollino (ciboulette) fresco cortado,
y un poco más para decorar
115 g de queso feta desmenuzado
10 g/½ cucharada de mantequilla (manteca)
1 cucharada de aceite de oliva
sal marina y pimienta al gusto

1 Cueza las patatas en una cacerola con agua ligeramente salada durante 25 minutos o hasta que estén tiernas.

2 Ponga las espinacas en un colador y cuele encima las patatas para que mengüen. Resérvelas hasta que estén lo suficientemente frías como para manipularlas.

3 Corte las patatas a lo largo en rodajas de ½ cm/¼ pulgada de grosor. Retire el exceso de agua de las espinacas.

4 Casque los huevos en un cuenco y bátalos ligeramente con un tenedor. Añada el eneldo y el cebollino, y bata de nuevo. Salpimiente el huevo y añada tres cuartas partes del feta. Precaliente el gratinador a la temperatura máxima.

5 Caliente la mantequilla y el aceite juntos en una sartén refractaria de 20 cm de diámetro a fuego medio hasta que la mantequilla se haya derretido y comience a burbujear. Añada las patatas y las espinacas, y sofríalo todo removiendo durante 1 minuto. Vierta el huevo. Cuézalo, removiendo, durante 2 minutos o hasta que esté casi cuajado. Entonces, cuézalo 3 o 4 minutos más sin remover hasta que el huevo esté cuajado del todo y la frittata dorada por debajo.

6 Agregue el resto del feta y gratínela 2 minutos hasta que se haya dorado la superficie. Sírvala caliente o fría, espolvoreada con el resto del enebro y el cebollino.

AL RICO HUEVO

El huevo es una magnífica fuente de proteínas, vitamina A y D, y vitaminas del grupo B.

POR RACIÓN: 272 CAL | 18,3 G GRASAS | 8,2 G GRASAS SAT. | 12,3 G CARB. | 2,2 G AZÚC. | 1,9 G SAL | 2 G FIBRA | 14,5 G PROT.

POSTRES Y REPOSTERÍA

TARTA DE QUESO AL LIMÓN CON CRUJIENTE DE ALMENDRA

Un pastel de queso contundente y cremoso con una base crujiente, perfecto para agasajar a los amigos que vengan a cenar.

PARA: 8 PERSONAS   PREP.: 20 MIN.   COCCIÓN: 1¼ H

20 g/1½ cucharada de mantequilla (manteca), y un poco más para engrasar
100 g/1 taza de almendra molida
50 g/½ taza de almendras picadas finas
2 cucharadas de mantequilla de almendra sin azúcar
2 cucharadas de harina de quinoa
2 cucharadas de estevia

RELLENO

250 g/1 taza de queso mascarpone
300 g/1¼ taza de queso crema
2 huevos muy grandes
la ralladura fina y el zumo (jugo) de 1 limón sin encerar
1 cucharada de harina de quinoa
4 cucharadas/¼ taza de estevia

1   Precaliente el horno a 180°C/350°F. Engrase ligeramente un molde redondo antiadherente de 20 cm/8 pulgadas de diámetro y forre la base con papel vegetal.

2   Para elaborar la base crujiente, funda la mantequilla en un cazo a fuego medio. Viértala en un cuenco grande y añada la almendra molida, la almendra picada, la mantequilla de almendra, la quinoa y la estevia, y mézclelo todo bien. Pase la mezcla al molde que ha preparado y, con el dorso de un tenedor, allánela hasta formar una capa uniforme. Hornéela durante 25 minutos, retírela del horno y reduzca la temperatura a 120°C/250°F.

3   Para elaborar el relleno, ponga el mascarpone y el queso crema en un cuenco grande, y bátalos hasta que se hayan mezclado. Bátalos 30 segundos más, luego añada los huevos uno a uno, batiendo tras cada adición. Agregue la ralladura y el zumo de limón, la quinoa y la estevia, y vuelva a batirlo todo hasta que haya quedado bien mezclado.

4   Vierta el relleno sobre la base crujiente. Hornee la tarta durante 50 minutos o hasta que los lados se hayan solidificado pero el centro siga algo blando. Déjela enfriar, luego tápela y refrigérela de 1 a 2 horas.

MI LIMÓN Y LIMONERO

Si los limones de los que dispone son viejos y están duros, póngalos en el microondas a temperatura alta durante 30 segundos; le será más fácil rallarlos y exprimirlos.

POR RACIÓN: 402 CAL | 35,6 G GRASAS | 16,2 G GRASAS SAT. | 11 G CARB. | 3,7 G AZÚC. | 0,5 G SAL | 2,4 G FIBRA | 10,6 G PROT.

TARTA DE CALABAZA CON PACANAS

La tarta de calabaza es ideal para una cena con amigos o un íntimo almuerzo familiar. La masa a base de almendra le añade un toque dulzón.

PARA: 8 PERSONAS   PREP.: 35 MIN.   COCCIÓN: 1¹/4 H

BASE

80 g / ³/4 taza de almendra molida
1¹/2 cucharada de mantequilla (manteca) en dados
1 cucharada de harina de coco
1 cucharada de estevia
1 huevo
1 pizca de sal marina

RELLENO

700 g / 6 tazas de calabaza o calabaza moscada pelada, sin semillas y cortada en dados
2 cucharadas de harina de coco
2 cucharadas de estevia
1¹/2 cucharadita de canela molida
1 cucharadita de nuez moscada recién rallada
20 g / 1¹/2 cucharada de mantequilla (manteca) en dados
2 huevos
3 cucharadas de nata (crema) espesa
20 g / 2 cucharadas de pacanas (nueces de pecán) picadas gruesas

1 Precaliente el horno a 160°C / 325°F. Forre un molde antiadherente de paredes acanaladas y 22 cm / 9 pulgadas de diámetro con papel vegetal.

2 Para elaborar la base, ponga todos los ingredientes en el robot de cocina y tritúrelos hasta formar una masa suave. Presione la masa contra el fondo y las paredes del molde que ha preparado para que lo cubra uniformemente. Pínchela varias veces con un tenedor. Hornéela durante 15 minutos hasta que se hayan dorado los laterales. Déjela enfriar.

3 Para preparar el relleno, cueza la calabaza en una cacerola grande con agua un poco salada durante 10 minutos o hasta que esté tierna. Escúrrala y déjela enfriar. Ponga la harina de coco, la estevia, la canela, la nuez moscada y la calabaza en el robot de cocina y tritúrelo todo hasta lograr una mezcla homogénea. Añada la mantequilla, el huevo y la nata, y tritúrelo de nuevo. Vierta el relleno sobre la base de masa.

4 Espolvoréelo con las pacanas. Hornee la tarta entre 55 y 60 minutos o hasta que los lados se hayan solidificado pero el centro siga algo blando. Sírvala templada o fría.

CÓMO FORRAR EL MOLDE

Para que el papel vegetal sea fácilmente moldeable, arrúguelo hasta formar una bola antes de usarlo: los dobleces encajarán perfectamente en las acanaladuras del molde.

POR RACIÓN: 224 CAL | 19,1 G GRASAS | 8,4 G GRASAS SAT. | 9,5 G CARB. | 2,2 G AZÚC. | 0,3 G SAL | 2,6 G FIBRA | 6,4 G PROT.

SOUFFLÉS DE MOCA CON MASCARPONE

El soufflé es el más glamuroso de los postres: sale inflado del horno y se desmorona ante los ojos del comensal.

PARA: 4 PERSONAS   PREP.: 15 MIN.   COCCIÓN: 15 MIN.

2 cucharaditas de mantequilla (manteca) para engrasar
2 cucharadas de almendra molida
1 cucharada de cacao en polvo sin azúcar,
y un poco más para espolvorear
1 cucharada de café exprés
1 pizca de sal marina
1/3 taza de agua fría
3 claras de huevo
1 cucharada de sirope (jarabe) de malta de arroz
1/4 taza de queso mascarpone

1 Precaliente el horno a 190°C/375°F. Engrase ligeramente cuatro moldes pequeños y altos, y luego espolvoréelos con la almendra molida. Haga girar los moldes para que la almendra quede adherida a la mantequilla y cubra así todos los lados.

2 Ponga el cacao, el café, la sal y el agua en una cacerola pequeña, y cuézalo todo, removiendo a fuego lento, hasta que la mezcla sea homogénea. Incremente el fuego a medio-alto, lleve la mezcla a ebullición y cuézala 1 minuto más. Vierta la mezcla en un cuenco grande y déjela enfriar.

3 Ponga las claras en un cuenco grande de cristal y bátalas a punto de nieve. Añada el sirope y bátalo todo de nuevo a punto de nieve. Con una cuchara metálica, mezcle con cuidado una cucharada de clara en la mezcla de cacao, conservando el máximo de aire posible, y luego añada el resto.

4 Vierta la mezcla en los moldes que ha preparado. Hornee los soufflés entre 10 y 12 minutos hasta que comiencen a sobresalir de los moldes.

5 Añada cucharadas de mascarpone a cada soufflé y espolvoréelos con cacao. Sírvalos inmediatamente, antes de que se desmoronen.

LOS SOUFFLÉS

Para que salgan óptimos, es aconsejable tenerlo todo a punto antes de empezar. Asegúrese de que los utensilios estén limpios y sin grasas, y que todos los ingredientes estén a temperatura ambiente. No abra la puerta del horno mientras se cuecen los soufflés.

POR RACIÓN: 172 CAL | 15,1 G GRASAS | 9,1 G GRASAS SAT. | 5 G CARB. | 2,7 G AZÚC. | 0,5 G SAL | 0,9 G FIBRA | 4,9 G PROT.

DELICIAS DE LIMA

Pequeñas y exquisitas, este postre a base de chocolate y lima rematan un ágape con un toque delicioso y a la vez sorprendente.

PARA: 4 PERSONAS   PREP.: 10 MIN.   COCCIÓN: 8 MIN.
REFRIG.: 4 H

250 ml / 1 taza de nata (crema) espesa
1¹/2 cucharada de sirope (jarabe) de malta de arroz
25 g / 1 onza de chocolate semidulce (semiamargo)
troceado
la ralladura fina de 1 lima y
1¹/2 cucharada del zumo (jugo)
1 cucharadita de cacao en polvo sin azúcar

1 Ponga la nata en una cacerola y llévela lentamente a ebullición a fuego medio. Añada el sirope y remueva bien. A continuación, hierva la mezcla durante 3 minutos. Agregue el chocolate, casi toda la ralladura de lima y todo el zumo de lima hasta que el chocolate se haya fundido, removiendo tras cada adición.

2 Vierta la mezcla en cuatro tazas de café. Cúbralas con film transparente y refrigérelas por lo menos 4 horas.

3 Decore estas delicias con el cacao y el resto de la ralladura, y sírvalas.

COMO ALTERNATIVA...

Si prefiere que este postre sea un poco menos consistente, omita el chocolate.

POR RACIÓN: 172 CAL | 26 G GRASAS | 16,3 G GRASAS SAT. | 9,4 G CARB. | 3,8 G AZÚC. | TRAZAS DE SAL | 1 G FIBRA | 2 G PROT.

PASTEL DE CALABACÍN CON COBERTURA DE QUESO CREMA

El pastel de calabacín es tan sabroso como el pastel de zanahoria.
Queda extremadamente jugoso y tiene un sabor fresco y cremoso.

PARA: 10 PERSONAS   PREP.: 25 MIN.   COCCIÓN: 1 H

175 g / 1¾ taza de almendra molida
½ cucharadita de levadura en polvo
½ cucharadita de bicarbonato de soda
3 cucharadas de estevia
40 g / ⅓ taza de frutos secos variados picados
50 g / 4 cucharadas de mantequilla (manteca)
2 huevos muy grandes batidos
1 cucharadita de extracto de vainilla
200 g / 2 tazas de calabacín rallado

COBERTURA
200 g / 1 taza de queso crema
1 cucharada de estevia
la ralladura fina y el zumo (jugo) de ¼ limón sin encerar

1 Precaliente el horno a 160°C/325°F. Forre un molde de plum cake antiadherente con papel vegetal.

2 Ponga la almendra molida, la levadura, el bicarbonato, la estevia y la mitad de los frutos secos en un cuenco grande y remueva bien.

3 Funda la mantequilla en una cacerola pequeña a fuego medio-lento. Viértala sobre los ingredientes. Añada los huevos, la vainilla y el calabacín, y mézclelo todo bien.

4 Vierta la pasta en el molde que ha preparado y distribúyala para formar una capa uniforme. Hornee el pastel de 55 a 60 minutos hasta que haya subido bien y, al clavarle un mondadientes en el centro, este salga seco. Déjelo enfriar 15 minutos, desmóldelo, retire el papel vegetal y dispóngalo sobre una rejilla metálica.

5 Para elaborar la cobertura, ponga el queso crema y la estevia en un cuenco grande, y bátalos hasta obtener una mezcla ligera y aireada. Agregue la ralladura y el zumo, y bátalo todo brevemente otra vez. Con la ayuda de una espátula, cubra el pastel con la cobertura. Decórelo con el resto de los frutos secos y sírvalo.

LIMONES SIN ENCERAR

Si tiene intención de utilizar la piel, es importante adquirir limones sin encerar. Si no encuentra, lávelos bien antes de usarlos. Elija limones firmes al tacto, que pesen, con la piel gruesa y nudosa, y sin rastros verdes.

POR RACIÓN: 237 CAL | 21,9 G GRASAS | 6,5 G GRASAS SAT. | 5,3 G CARB. | 2,2 G AZÚC. | 0,6 G SAL | 2,4 G FIBRA | 7,2 G PROT.

BROWNIES DE BONIATO

Con boniato se preparan brownies dulces y jugosos. En cuanto haya probado esta versión, no dudará en repetirla.

PARA: 12 BROWNIES   PREP.: 30 MIN.   COCCIÓN: 20 MIN.

150 ml / ²/3 taza de aceite de oliva,
y un poco más para engrasar
1 boniato (batata, camote) rallado grueso
100 g / ³/4 taza de estevia
50 g / ²/3 taza de cacao en polvo sin azúcar
½ cucharadita de levadura en polvo
½ cucharadita de bicarbonato de soda
50 g / ½ taza de almendra molida
2 huevos batidos
20 g / ¼ taza de nueces picadas gruesas

1 Precaliente el horno a 180°C / 350°F. Engrase ligeramente un molde cuadrado llano de 19 cm / 7½ pulgadas y fórrelo con un cuadrado grande de papel vegetal. Corte las esquinas en diagonal y presione el papel contra el molde para que el fondo y los laterales queden bien forrados.

2 Ponga todos los ingredientes en un cuenco grande y remuévalos bien. Vierta la masa en el molde que ha preparado. Hornéela durante 20 minutos hasta que haya subido bien y el centro esté cuajado.

3 Déjela enfriar en el molde durante 15 minutos. Despréndala del molde tirando del papel y luego retire el papel con cuidado. Corte la masa en 12 cuadrados y sirva los brownies.

COMO ALTERNATIVA...

Si le parece que la receta incorpora demasiado chocolate, reduzca la cantidad de cacao a ¹/3 taza.

POR BROWNIE: 182 CAL | 17,2 G GRASAS | 2,6 G GRASAS SAT. | 6,6 G CARB. | 1 G AZÚC. | 0,2 G SAL | 2,4 G FIBRA | 3,4 G PROT.

RIQUÍSIMA MOUSSE DE CHOCOLATE CON AGUACATE

El aguacate aporta cremosidad y contundencia a esta deliciosa mousse, mientras que el chocolate le da un toque irresistible y sabroso… mmm, ¡genial!

PARA: 4 PERSONAS   PREP.: 10 MIN.

2 aguacates (paltas) maduros pelados, deshuesados (descarozados) y troceados
35 g / ⅓ taza de cacao en polvo sin azúcar
2 cucharadas de sirope (jarabe) de malta de arroz
1 cucharadita de extracto de vainilla
1 pizca de sal marina
2 cucharadas de leche de almendras sin azúcar

1 Ponga todos los ingredientes en el robot de cocina o una batidora y tritúrelos para mezclarlos bien. Rebañe los lados y tritúrelo todo 1 minuto más hasta que la mousse haya incorporado aire. Si sigue siendo demasiado espesa, añada un poco más de leche de almendras y vuelva a triturarla unos instantes.

2 Vierta la masa en cuencos o tazas de té pequeñas, y sirva las mousses inmediatamente, o tápelas y refrigérelas hasta 4 horas.

MADURAR LOS AGUACATES

Si los aguacates están demasiado verdes, póngalos en una bolsa de papel bien cerrada junto con un tomate durante 24 horas y madurarán a la perfección.

POR RACIÓN: 151 CAL | 11,8 G GRASAS | 2,1 G GRASAS SAT. | 15 G CARB. | 2,7 G AZÚC. | 0,4 G SAL | 7,5 G FIBRA | 3 G PROT.

PANNA COTTA DE VAINILLA CON PISTACHOS Y AGUA DE ROSAS

La panna cotta es un postre elegante. En esta versión, la leche de vaca se ha sustituido por leche de almendras sin azúcar, que complementa la aromática agua de rosas y el verdor de los pistachos.

PARA: 4 PERSONAS PREP.: 15 MIN.
COCCIÓN: 4 MIN. REFRIG.: $2^{1}/4$ H

3 láminas de gelatina
300 ml / 1¹/4 taza de nata (crema) espesa
200 ml / 1 taza de leche de almendras sin azúcar
1 vaina de vainilla cortada por la mitad a lo largo
2 cucharadas de estevia
2 cucharadas de agua de rosas
2 cucharadas de pistachos sin sal, troceados gruesos

1 Ponga la gelatina a remojo en agua fría en un cuenco llano de 5 a 10 minutos, hasta que se haya ablandado.

2 Mientras tanto, vierta la nata y la leche de almendras en una cacerola grande de fondo pesado. Con un cuchillo afilado, raspe encima la vaina de vainilla e incorpore la vaina. Lleve la mezcla a ebullición a fuego medio-alto, removiendo de vez en cuando. Déjela enfriar durante 5 minutos. Luego añada la estevia y remuévala. Con un tenedor, retire la vaina.

3 Extraiga el agua de la gelatina y mezcle la gelatina en la crema hasta que se haya disuelto. Vierta la crema en cuatro flaneras, y déjela enfriar durante 15 minutos. Tape los moldes con film transparente y refrigere la panna cotta por lo menos 2 horas, o toda la noche si tiene tiempo.

4 Llene un cuenco hasta la mitad con agua hirviendo. Sumerja cada una de las flaneras en el agua unos instantes comprobando que no se moje la parte superior. A continuación, vuelque las panna cottas en platos. Rocíelas con el agua de rosas y espolvoréelas con los pistachos.

TRUCO PARA LA GELATINA

Es importante que la mezcla se temple antes de añadir la gelatina. Si está demasiado caliente, la gelatina no cuajará el postre. Compruébelo con un dedo.

POR RACIÓN: 313 CAL | 31,1 G GRASAS | 17,6 G GRASAS SAT. | 4,2 G CARB. | 0,5 G AZÚC. | 0,1 G SAL | 0,8 G FIBRA | 6,2 G PROT.

CREMA DE MARACUYÁ AL HORNO

Ligero y esponjoso, con su toque tropical refrescante este sencillo postre posee tan buen sabor como aspecto.

PARA: 4 PERSONAS   PREP.: 15 MIN.   COCCIÓN: 45 MIN.

2 maracuyás
4 huevos muy grandes
175 ml / ³/4 taza de leche de coco
3 cucharadas de estevia
1 cucharadita de agua de azahar

1 Precaliente el horno a 180°C/350° F. Corte los maracuyás por la mitad, extraiga la pulpa de tres de las mitades y tamícela presionándola a través de un colador con el dorso de una cuchara para retirar las semillas.

2 Casque los huevos en un cuenco grande. Añada el zumo de maracuyá, la leche de coco, la estevia y el agua de azahar, y bátalo todo hasta lograr una mezcla suave y aireada.

3 Vierta la crema de maracuyá en cuatro moldes para soufflés, dispóngalos en una fuente de asar y vierta agua caliente en la fuente hasta cubrir la mitad de los moldes. Hornee la crema de 40 a 45 minutos o hasta que se cuaje.

4 Extraiga la pulpa de la mitad de maracuyá restante y, con una cuchara, ponga un poquito sobre cada recipiente. Sírvala inmediatamente o cúbrala con film transparente y refrigérela hasta 8 horas.

EL MARACUYÁ

El maracuyá es una excelente fuente de fibra y vitaminas A y C, que refuerzan el sistema inmunitario.

POR RACIÓN: 185 CAL | 15,4 G GRASAS | 10,2 G GRASAS SAT. | 3.8 G CARB. | 2,5 G AZÚC. | 0,2 G SAL | 0,9 G FIBRA | 9 G PROT.

HELADO DE FRAMBUESA Y MASCARPONE

Con el frescor de las frambuesas y la cremosidad del mascarpone, sus invitados se disputarán las últimas cucharadas de este helado clásico.

PARA: 8 PERSONAS PREP.: 20 MIN.
COCCIÓN: 10 MIN. CONG.: 4 H

1 huevo muy grande y 4 yemas de huevos muy grandes
2 1/2 cucharadas de estevia
100 g / 1/2 taza de queso mascarpone
1 cucharadita de extracto de vainilla
400 ml / 1 2/3 taza de nata (crema) espesa
80 g / 3/4 taza de frambuesas cortadas por la mitad

1 Casque el huevo en un cuenco refractario grande, añada las yemas y la estevia, y bátalo todo con la batidora de mano durante 30 segundos. Ponga la mezcla al baño María en una cacerola con agua hirviendo a fuego lento; asegúrese de que el cuenco no toque el agua, y bata la mezcla hasta que esté pálida y aireada.

2 Vierta agua fría en un recipiente y ponga encima el cuenco donde tiene la mezcla de huevo, de forma que el fondo de este se enfríe dentro del agua. Siga batiendo la mezcla durante 2 minutos, luego retire el cuenco del agua y reserve la mezcla.

3 Ponga el mascarpone y la vainilla en otro cuenco grande y bátalos brevemente hasta que se hayan mezclado. Agregue la nata y bátala a punto de nieve.

4 Con una cuchara metálica, una la mezcla de huevo con la mezcla de queso, conservando el máximo de aire posible. Incorpore las frambuesas.

5 Vierta la mezcla en un recipiente apto para congelar, tápela y congélela durante 4 horas o hasta que se haya solidificado. Extraiga el helado del congelador 10 minutos antes de servirlo para que se ablande un poco y sírvalo.

COMO ALTERNATIVA...

Si prefiere tomar solo helado de vainilla, omita las frambuesas.

POR RACIÓN: 285 CAL | 28,6 G GRASAS | 16,5 G GRASAS SAT. | 3,9 G CARB. | 1,2 G AZÚC. | 0,1 G SAL | 0,8 G FIBRA | 4,2 G PROT.

SORBETE DE CHOCOLATE CON CEREZAS

El chocolate da contundencia y espesura a este sorbete, mientras que las cerezas heladas añaden glamour instantáneo.

PARA: 4 PERSONAS   PREP.: 10 MIN.
COCCIÓN: 10 MIN.   CONG.: 4 H

300 ml / 1 1/4 taza de agua fría
3 cucharadas de estevia
25 g / 1/4 taza de cacao en polvo
1/4 cucharadita de pimienta de Jamaica molida
4 cerezas deshuesadas (descarozadas) y troceadas, y otras 4 cerezas enteras para decorar
70 g / 2 1/2 onzas de chocolate semidulce (semiamargo) troceado

1 Vierta el agua en una cacerola y añada la estevia, el cacao, la pimienta de Jamaica y las cerezas picadas. Mézclelo todo unos instantes y, a continuación, llévelo lentamente a ebullición a fuego medio–alto.

2 Retire la cacerola del fuego y deje enfriar el preparado entre 2 y 3 minutos. Agregue el chocolate y seguidamente vierta la mezcla en un recipiente apto para congelar, tápela y congélela durante 4 horas o hasta que se haya solidificado. Remueva el sorbete con un tenedor cada 30 minutos para romper los cristales de hielo que se formen. Ponga a congelar también las cuatro cerezas enteras.

3 Extraiga el sorbete del congelador 10 minutos antes de servirlo para que se ablande un poco. Ponga bolas en vasos o cuencos pequeños, decórelos con una cereza congelada y sirva el sorbete.

CHOCOLATE NEGRO

Se ha demostrado que el chocolate negro es rico en antioxidantes y polifenoles, que protegen nuestro organismo de algunos tipos de cáncer y enfermedades cardiacas.

POR RACIÓN: 129 CAL | 8,3 G GRASAS | 4,7 G GRASAS SAT. | 14,3 G CARB. | 6,3 G AZÚC. | TRAZAS DE SAL | 4,4 G FIBRA | 2,6 G PROT.

HELADO DE YOGUR

Gracias a su contenido en yogur, que aporta calcio, y a las bayas, que protegen el corazón, estos pequeños helados son un saludable y sabroso postre estival.

PARA: 12 PERSONAS   PREP.: 10 MIN.
CONG.: 2 H

450 g / 2 tazas de yogur
la ralladura fina de ½ naranja
225 g / 2 tazas de bayas variadas: frambuesas,
arándanos y fresas (frutillas) sin el tallo partidas por
la mitad o en cuartos
12 ramitas de menta fresca para decorar

1   Forre un molde para 12 magdalenas con cápsulas de papel.

2   Ponga el yogur y la ralladura de naranja en un cuenco grande y mézclelos bien. Añada dos tercios de las fresas, los arándanos y las frambuesas, y mézclelo todo.

3   Pase la mezcla a las cápsulas con la ayuda de una cuchara. Congele el helado durante 2 horas o hasta que se haya solidificado. Decórelo con el resto de las bayas y las ramitas de menta, y sírvalo.

SÍ AL YOGUR

Los yogures de sabores tienden a incorporar mucho azúcar, por lo que mezclar fruta con el yogur natural es una gran solución.

POR RACIÓN: 33,7 CAL | 1,2 G GRASAS | 0,8 G GRASAS SAT. | 4 G CARB. | 2,7 G AZÚC. | TRAZAS DE SAL | 0,7 G FIBRA | 1,4 G PROT.

ÍNDICE